财富与品位之上：
奢侈品牌的叙事意象

L'imaginaire du luxe

［法］帕特里克·马蒂厄
Patrick Mathieu

［法］弗雷德里克·莫奈隆
Frédéric Monneyron

著

张忠妍

译

重庆大学出版社

"在所有可设想的奢侈中,死亡——以其致命且无可避免的形式——无疑是最为昂贵的。"

——乔治·巴塔耶《被诅咒的部分》

目 录

1　引言
　　奢侈，一种想象的产物

15　第一部分　　　　　第一章　奢侈及其演变　　16
　　奢侈，意象与社会　　　　　　由谴责到赞美
　　　　　　　　　　　　　　　　由过度到简单

　　　　　　　　　　　第二章　奢侈的炫耀性　　27
　　　　　　　　　　　　　　　传统社会中的炫耀
　　　　　　　　　　　　　　　民主社会中的炫耀
　　　　　　　　　　　　　　　品牌的炫耀

　　　　　　　　　　　第三章　奢侈的优雅性　　37
　　　　　　　　　　　　　　　优雅与区分
　　　　　　　　　　　　　　　对立面的和谐
　　　　　　　　　　　　　　　时代精神

　　　　　　　　　　　第四章　奢侈的舒适性　　48
　　　　　　　　　　　　　　　从舒适到安逸
　　　　　　　　　　　　　　　从融合到整合

55　第二部分　　　　　第五章　品牌与它们的形象　　56
　　奢侈，品牌与形象　　　　　　乔治·杜梅齐尔的贡献
　　　　　　　　　　　　　　　社会三重功能论的应用

　　　　　　　　　　　第六章　君主型品牌　　62
　　　　　　　　　　　　　　　魔法型君主
　　　　　　　　　　　　　　　法律型君主

　　　　　　　　　　　第七章　战士型品牌　　74
　　　　　　　　　　　　　　　宇宙型战士
　　　　　　　　　　　　　　　人间型战士

　　　　　　　　　　　第八章　生产者型品牌　　93
　　　　　　　　　　　　　　　诱惑型生产者
　　　　　　　　　　　　　　　重塑型生产者

114　结论　奢侈无尽

123　参考书目

引 言

奢侈，一种想象的产物

奢侈的概念是很复杂的。关于此，我们后文再作解释。这个词本身的含义并非没有变化。在法语中，它来源于拉丁语"lux"，意为"光"，有时又衍生为"luxuria"，即"欲望"，甚至"利润"。尽管它实际上来源于拉丁语形容词"luxus"，即"被歪斜放置"，这也是单词"luxation"的由来。因此，它似乎意味着生活方式的无度、铺张，甚至放荡。这个词的含义在法语中如此，在其他语言中亦是如此。然而，如果我们忘却这个词本身转而探寻其概念，困难还是存在的。一方面，这一概念涉及一系列可变和波动的构成要素：成本、稀缺性、美感、独特性、消费、永恒性、闲暇、惬意。另一方面，它又引用了相关概念：品位、优雅、区分或精致，这些概念虽无助于对其进行定义，但却参与了其表现形式。概念的不精确性与对象的相对性是相呼应的。事实上，奢侈随着时代和文明的变迁而变化。即使它在特定的文明或时期表现出一定的稳定性，也至少是由个人的主观性决定的。对于一个人而言的奢侈永远不会完全是对于另一个人而言的奢侈。

撇开定义不谈，只看商业实践并不能提供更多的确定性。当我们试图区分不同的奢侈品时，分类的差异几乎与作者或机构的差异一样大。自1954年以来，科尔贝委员会汇集了市场上的主要参与者，看似具有权威性，但其分类偶尔会受到质疑，这种质疑也是非常重要的。或许，我们一般可以区分出三个大类：第一类是超豪华，包括高级时装、高级珠宝、奢侈手表、艺术品、银器、宫殿级酒店、汽车和游艇；第二类是社会声望，包括围巾、成衣、配饰、箱包和手表；第三类是感觉和愉悦，包括香水、休闲活动、美食和运动。然而，事实仍然是，"正如1994年由科尔贝委员会委托进行的一项行业经济调查所指出的那样，任何试图对奢侈品或奢侈品行业进行定义的尝试无疑都能捕捉到这些产品或这一行业的某些特征，但它并不能有效地界定其确切的范围"。

显然，奢侈是难以被定义的，也是难以被分类的。这是因为，作为一种"非理性的繁荣"，它首先是一个表征的问题，而且是一个集体表征的问题。因为要成为奢侈品，仅是稀有和昂贵是不够的。它还必须为相对较多的人所需要，并讲述一个故事，通常是一个品牌的传奇故事，这样才能产生传奇物品所特有的独特影响力。最后，设计师将自己的品位强加于人，而不是由客户强加自己的品位给设计师，这就完成了将奢侈置于想象中，证实了奢侈品从根本上说是一种想象的产物。

或许正是由于人类学的这一重要维度没有被认识到，奢侈在今天仍然是一个定义不清、有些神秘的主题。因此，无论是哲学研究、社会学研究还是经济学研究，大多数研究都在某种程度上偏离了其目标，因为它们没有努力使分析方法与所分析的对象相适应。

*

奢侈有许多可能的定义，但最重要的是，过去50多年来围绕意象的主要研究所依据的那些定义。吉尔伯特·杜兰（Gilbert Durand）认为，人类的想象力表现并塑造了时间与死亡，并赋予其象征意义，以减轻与之相关的生存恐慌。因此，除了创造时间和死亡本身的形象，"想象力的功能首先是委婉，但并非一种消极的鸦片，一种意识在狰狞的死亡形象面前戴上的面具，而是一种展望的能动性，通过想象活动的一切，试图改善人类在世界上的处境"。毋庸置疑，奢侈是对生存恐慌的回应，而生存恐慌决定了想象力的生产。如果我们同时提出豪宅设计师的项目和创造奢侈理念的豪宅客户的考量，就会发现这一点是显而易见的。

像爱马仕（Hermès）这样的品牌，没有人会质疑它的奢侈品品牌地位，但它已经很能说明问题了。爱马仕的创始人蒂埃里·爱马仕（Thierry Hermès）出生于科隆附近克雷菲尔德一个躲避宗教迫害的新教徒家庭，他目睹了拿破仑战争造成的破坏。他的亲兄弟是拿破仑军队的一名士兵，死于西班牙。他本人15岁时就成了孤儿。然而，集团主席让-路易·杜马（Jean-Louis Dumas）在2006年之前一直将家族遭受的迫害与爱马仕的创立和成功联系在一起：

"爱马仕家族信奉新教，这是一个在欧洲长期受到迫害的少数族群。这种迫害造就了爱马仕在奢侈品行业的成功：爱马仕家族正是通过偏安一隅才学会了成功经商。"

此外，他将爱马仕与奢侈品之间的关系归于与时间的关系，即使这意味着否定奢侈品："在爱马仕，我们不制造奢侈品，我们追求卓越。我们的与众不同在于与时间的关系。"当他试图更准确地定义这种关系时，他则强调时间的流逝和与之抗衡的奢侈品："奢侈品就是比您更持久的东西！"从客户的角度来看，时间与对死亡的恐慌之间的关系似乎也同样清晰明了。

无论是在2001年9月11日之后，还是在日本海啸之后，爱马仕的销售额与许多其他非奢侈品品牌不同，不仅没有下滑，反而激增。爱马仕美国纽约分公司总经理罗伯特·查韦斯（Robert Chavez）说："'9·11'事件后，很多人都来买不寻常的方巾、领带或手提包。他们会对我们说：'我只想买点特别的东西。'"似乎在某种程度上，死亡限制生命的戏剧性提醒催生了超越死亡的奢侈。

爱马仕是这一奢侈品主要特征的绝佳范例，但绝非唯一。如果我们看看其他行业的品牌，它们在奢侈品界的地位也无可争议，这一特征同样显而易见。

由罗伯特·班福德（Robert Bamford）和莱昂内尔·马丁（Lionel Martin）于1913年创立的英国跑车品牌阿斯顿·马丁（Aston Martin），这个名字源于1913年马丁在阿斯顿·克林顿山爬坡赛中的杰出表现。该品牌为我们提供了另一个特别显著的例子，说明奢侈品与形而上的生死问题之间的关系。阿斯顿·马丁公司的成立源于对机械的热情，以及制造自己的汽车与布加迪（Bugatti）竞争并打破纪录的愿望。"以自己的眼光制造自己的汽车"，阿斯顿·马丁采用了一个带翅膀的徽标，让人联想到猩红甲虫（阿努比斯），它在复活之前必须经历一个死亡阶段。这个徽标还借鉴了英国皇家空军飞行员佩戴的徽章："跨越障碍，飞向星空"。它预示着一个品牌多灾多难的历史和非凡的命运：财政困难、多次倒闭、屡遭清算。从1924年的破产，到后来的多次易手，这个品牌经历了多次死亡与重生。

"在过去的90年中，阿斯顿·马丁经历了许多变化。在其悠久而绚丽的历史中，阿斯顿·马丁经历了一些美好的时光，但也有一些并不美好的时光。"

值得一提的是，1964年，阿斯顿·马丁DB4成为詹姆斯·邦德（James Bond）的座驾，这位不朽的英国特工拥有著名的"杀手执照"……

在汽车界，法拉利（Ferrari）是另一个同样耀眼的例子。与法拉利赛车队的故事不可分割的是法拉利品牌的故事，这是一个无时无刻不与死亡对抗的故事。创始人恩佐·法拉利（Enzo Ferrari）的儿子于24岁时离世，此后他每天都会去摩德纳公墓为儿子扫墓。在这样一个哀恸的背景下，法拉利品牌在追求完美和卓越的过程中发展壮大，实现了比死亡更强大的荣耀。"史上最好的法拉利是下一辆。"法拉利的领导人、工程师和工人们投入了毕生精力，不断创造出在世界各个赛道上取得胜利的汽车，他们就像现代的角斗士，随时准备为历史上最具传奇色彩的汽车奉献自己。

或许我们可以说在爱马仕、阿斯顿·马丁或法拉利身上成立的，在其他任何品牌身上也成立，无论它是奢侈品与否。因为人类的每一项创造，无论是商业创造还是其他创造，都有其存在的基础。但事实并非如此，以可口可乐（Coca-Cola）这样的大公司为例，诚然，饮用装在漂亮玻璃瓶中的冰镇好的可口可乐是一种独特的体验：新鲜、气体和速溶糖的混合物刺激胃部，令人激动，使人瞬间变得有力量起来，并邀请你通过躯干的动作来表达自己，这是一种向他人敞开心扉的姿态。几十年来，可口可乐也确实一直声称自己的主要目标群体是13岁的青少年，而这个年龄段的孩子正是需要向他人敞开心扉并找到自己在世界上的位置的时候。但是，可口可乐缺乏奢侈品品牌所具有的对死亡的恐慌，而这种恐慌正是奢侈品品牌的核心所在，也正是这种恐慌使它们独一无二、与众不同。

*

与所有的期待以及将其视为肤浅和无意义之物的既有观念相反，奢侈品似乎是对时间流逝和死亡恐慌进行形而上学与存在主义追问的场所。为了委婉起见，奢侈品世界的主要参与者更愿意谈论永恒而不是不朽。有些人可能会惊讶地发现，奢侈品与文学或艺术更容易产生共鸣。而这种接近并不像初看起来那样自相矛盾。

奢侈品与艺术有一个共同的基本目标：与艺术一样，奢侈品也追求美。或许美并不是奢侈品的唯一决定因素，它的形式也可能不同于文学或艺术。然而，从根本上说，奢侈品与诗歌或绘画一样，需要唤起人们的审美感受，这也是审美的基本含义。我们不难发现它们之间始终存在着密切的联系，一个往往只是另一个的引子，反之亦然。这样的例子不胜枚举。如果我们只专注于时尚领域，甚至不用提及同时代最著名的时装设计师与艺术家的来往。例如，"香奈儿（Chanel）与科克托（Cocteau）、迪亚吉列夫（Diaghilev）以及毕加索（Picasso）的友谊与合作"，克里斯汀·迪奥（Christian Dior）作为画廊老板曾展出贾科梅蒂（Giacometti）、保罗·克利（Paul Klee）、马克斯·恩斯特（Max Ernst）和毕加索的作品，不得不承认他们的设计总是与现代艺术有绝佳的呼应。伊夫·圣罗兰（Yves Saint Laurent）于1966年设计的"蒙德里安"连衣裙就是蒙德里安（Mondrian）作品的最佳推介。20世纪初，艾尔莎·夏帕瑞丽（Elsa Schiaparelli）的某些作品肯定了超现实主义者的立场。

反之，艺术也并非没有邀请奢侈品参与。因为艺术本身就是一种奢侈品，或者说，正如道姆（Daum）所言，艺术是终极奢侈品。从这个意义上说，我们可以期待那些厌倦了只存在于时间中的物品的奢侈品消费者，最终转向"永恒的艺术品"，正如香奈儿对裙装的描述一样："这是迷人且短暂的创作"。但最重要的是，能够全身心地投入艺术创作，而不受制于（至少在最初不受制于）商业需要，是每一位艺术家梦寐以求的奢望。

最后一种主张引导我们在艺术与奢侈品之间找到更深层、更实用的等同关系。从根本上来说，它们都是想象力的产物，因为对于人类生活的原始需要而言，它们都是多余的。如果正如卢梭（Rousseau）所指出的，奢侈品"与自然的要求背道而驰"，那么艺术，就其本身而言，即使不是背道而驰，也不符合这些要求。在集体表征中，艺术与奢侈品往往只有在满足了重要的必需品时才会出现。在一个首要任务是为生存而挣扎的世界里，艺术和奢侈品不仅不是不可或缺的，而且也是难以企及的。或许可以说人类最初的必需品，即食物、住所和衣服，包含着一种潜在的艺术形式，并且它们很快就会以奢侈品的形式出现，但这些潜能在一个不允许这样做的社会状态中无法得到开发：食物的营养功能此时无法让位于审美功能，正如衣服或房屋的保护功能无法为装饰功能留出空间一样。某种政治思想（卢梭似乎是其先驱）也呼应甚至强化了这些表述。在马克思主义的概念中，且不仅仅存在于马克思主义中，艺术和奢侈品不过是上层建筑，是由初级经济所构成的基础设施所决定的。如果扩大思考的范围，让我们与亨利·霍姆（Henry Home）和卡梅勋爵（Lord Kame）一样，认为"如果没有奢侈品，就不会有穷人"，那么我们就会承认，艺术本身只能在这样一种社会状态下被创造出来，这种状态允许那些已经超越了最初的必需品的人沉溺于艺术，而其他连必需品都无法满足的人却仍然无法接触到艺术。

　　如果说奢侈品和艺术在多余性上显示了它们的亲密关系，那么它们在普遍性上也显示了这种亲密关系。因为它们显然是普遍的现象。没有一个社会不以这样或那样的方式熟悉它们。正如玛丽-克劳德·西卡尔（Marie-Claude Sicard）所指出的，"任何社会，任何文明，只要超越了生存的最低限度，并且能够利用剩余财富在非实用性的目的上，都能自然而然地产生奢侈品"。或者，正如斯特凡·瓦格尼尔（Stéphane Wargnier）强调的，"奢侈品是一种难以下咽的毒品，就像生活本身一样。因为对于人来说，没有什么比从必需品中解脱出来更显多余的了"。毫无疑问，这些说法也适用于艺术。

因此，我们可以理解的是，奢侈品与艺术具有许多共同的特征，特别是它不受最直接的物质顾虑的影响。它也像艺术一样，提出了人类生存的基本问题。正如奥斯卡·王尔德（Oscar Wilde）在19世纪末所说的那样，它是"绝对必要的"多余之物，这或许是指它具有形而上学方面的意义。

*

奢侈品与艺术一样，都要面对时间与死亡，而奢侈品正是以其形象来对抗时间与死亡的。因为奢侈品首先是一种形象。它的存在与其说是通过物品本身，不如说是通过物品所创造的形象。要么是直接的，因为"奢侈品［……］往往不过是品牌投射到客户大脑中的形象"，正如艺术或文学是画家或作家投射到观众或读者大脑中的形象一样。要么是更间接的，就像现今的情况一样，因为有关对象被卷入了表征过程。时尚显然是一个很好的例子，无论对错，时尚似乎是一个特权领域，或至少是奢侈品世界的象征，即使它只彰显了奢侈品极小的一部分。时尚形象虽然涉及服装，但并不局限于服装。它是一种整体形象，通过摄影得以实现，而且得益于摄影，无论从数量上、质量上还是从历史上看，摄影都最大限度地让人们有机会接触到时尚的世界。因为，在时尚摄影中，服装的形象被添加了服装本身之外的元素，如穿着服装的模特和穿着服装的背景。在当代时尚摄影中，服装往往只是一个借口，越来越多地被观众遗忘，因此甚至有可能将这种添加转化为一种削弱。换句话说，将时尚摄影定义为围绕模特和背景形成的影像，但其中所有与服装有关的内容都被去除了。奢侈品消失了，取而代之的是其符号表征……

因此，研究奢侈品的形象，就是研究奢侈品在杂志、电视和当今互联网的产品广告中的表现形式。但要做到这一点，我们还需要找到正确的方法，而这并非易事。在西方哲学传统中，图像一直不受信任，这种不信任可以追溯到中世纪的亚里士多德主义，并一直延续至今。在摄影、电影和电视兴起的同时，图像在当代世界也占据了重要地位。为了找到正确的方法，加斯东·巴什拉（Gaston Bachelard）、亨利·科尔宾（Henry Corbin）、埃德加·莫兰（Edgar Morin）和吉尔伯特·杜兰等作者都参与了将想象恢复为可感知和可理解之间的知识中介原则的工作。虽然这一恢复工作还远远没有完成，但它已经为分析丰富多彩的图像提供了方法。40年前，吉尔伯特·杜兰在其《想象的人类学结构》（*Structures anthropologiques de l'imaginaire*）一书中开创了想象方法论。此后又有其他人对其进行了发展、完善和讨论，因此，现在才能够令人满意地精确描述图像是如何组织成系统的。

我们可以确定想象项目的主线，它通过委婉地表达存在的痛苦和前瞻性的活力，试图改善人类在世界上的处境。由人类想象力激发的形象被组织成不同的模式被定义为"图像的动态和情感概括"，并分为昼间和夜间两大体系。它们还分为时间和死亡的形象，这些形象在兽性、黑暗和堕落中找到了基本的代表、具象和象征，并分为三大主要结构：英雄（或分裂）叙事结构、神秘叙事结构和合成叙事结构。

英雄叙事结构属于想象的昼间体系，可以置于权杖和剑的标志之下，包含了上升、光明、空气和火焰的象征。在古典神话中，这些形象都是围绕秩序、清晰和光明之神阿波罗的象征意义组织起来的。英雄叙事结构的特点是实用性不足，Spaltung 被理解为分离、几何化和对立的代表性行为。

神秘叙事结构属于想象的夜间体系，可以归属于下降和杯子的标志，融合了下降、亲密、蜷缩、水和土的象征意义。构成这些作品的形象都是围绕着酒神狄俄尼索斯的形象展开的，他是黑夜、疯狂、混乱和热情预言之神。神秘叙事结构的特点是重复和持久、黏稠、表现的感官性、细致和微型化。

合成叙事结构也是夜间体系的一部分，以赫尔墨斯为中心人物，他是众神的使者、阴间使者、旅行者与商人之神……以及盗贼之神。换句话说，他主持着所有形式的交换和运动。它们以循环和进步的象征意义为表现形式，以对立面、辩证法和历史的和谐为特征。

由于这三大结构涵盖了所有被创造出来的形象，因此它们可以被用来定义任何想象的形式，进而定义奢侈品的形象。正如我们所看到的那样，它们在商业领域找到了自己的特权。如此一来，就可以描述奢侈品的主要发展方向、它与社会的关系及它所处的社会氛围。更重要的是，它们还能将奢侈品品牌与其他品牌区分开来，因为只有奢侈品才能充分展示回答生与死的存在性问题的形象，而生与死和奢侈品是共存的。

*

这一总体思路本身说到底需要一种更为具体的方法。它要求我们不要把奢侈品看成是一种整体现象，而是要看构成奢侈品的品牌，因此也要看这些品牌的特点是什么。由于奢侈品在很大程度上已成为品牌的代名词，因此我们有必要从品牌本身的角度来审视它们。除了品牌给人的印象，还有一些特定的功能使我们可能对其进行定义，了解其文化，了解其如何应对与之相关的生死问题，如何向客户提出这些问题，以及如何解释其成功或界定其义务。

这些功能可以从乔治·杜梅齐尔（Georges Dumezil）在其关于三重功能的比较神话著作开辟的视角中找到。我们知道，宗教史学在探索纳尔特人的神话时，将世界明确分为三个家族：因智慧（zund）而强大的家族，即alægatæ；因勇气和战斗力而强大的家族，即Æxsærtægkatæ；以及因牲畜而富裕的家族，即Boratæ。这就是他如何将三重功能（君主和宗教、战争、生产）理论正式化的过程，所有印欧民族的词汇、社会组织和传说中都有这三重功能。西方中世纪社会分为oratores（祈祷者，即神职人员）、bellatores（战斗者，即贵族）和

laboratores（工作者，即第三等级），与这三重功能十分吻合。印度社会也是如此，它有婆罗门种姓（祭司、教师和学者）、刹帝利种姓（国王、王子、行政长官和士兵）及生产种姓，其中生产种姓又细分为吠舍种姓（工匠、商贩、商人、农民和牧羊人）和首陀罗种姓（仆人）。罗马起源的官方历史本身似乎就是这种结构化意识形态的舞台。

这"三个和谐调节的领域，按其尊严从高到低的顺序排列，分别是君主及其魔法和法律方面，以及某种神圣的最大表达；体力和勇气，其最显著的表现是战争的胜利；繁衍和繁荣，以及各种条件和后果［……］几乎总是［……］由大量相关的神灵代表……"第一重功能，即掌握至上权力的神是众所周知的，它是 Dyeus Pater，即"天父"，是希腊神宙斯、罗马神朱庇特、立陶宛神迪瓦斯和印度神天父在语言上的祖先。第二重功能的神灵出现在希腊、印度和日耳曼神灵中，如雅典娜、阿茹娜和雷神。第三重功能，即生产功能，由地神代表，如大地母亲，即希腊德墨忒尔的祖先，或与马有关的双子神，如希腊的狄俄斯库里，即卡斯托耳与波鲁克斯，罗慕路斯和雷穆斯，或印度的双马童。

虽然杜梅齐尔在法国的旧制度社会中仍能找到这三重功能，即教士的统治功能、贵族的战争功能和第三阶层的生产功能，但他认为，随着时间的推移，这种三重功能的记忆已经消失。当然，放眼当今世界，我们很难在它们最初的应用领域（即社会的一般组织）中找到它们。另外，与其简单地说它们已经消失，不如说它们已经改变了应用领域。在历史上，它们被学者与誊写人用来描述神灵和君王的神权，首先出现在最高权力的主权领域和神话中。如今，三重功能在人类生产和经济领域得到了体现。经济领域是古代神话和社会体系的逻辑延伸。因此，我们从讨论原始神话到传说神话、史诗、小说，再到政治和社会体系，最后到经济领域。

毫无疑问，这种三重功能的表现形式已不再像过去那样具有特征性。在杜梅齐尔看来，三重功能具有"社会"等级，即君主、战士和生产者，而经济则将其扁平化。但事实上，主要市场都具有三重功能，由三重功能下的品牌所主导，这些品牌偶尔也具有神话色彩。我们不正是把它们当作神话［苹果（Apple）、李维斯（Levi's）、谷歌（Google）、脸书（Facebook）等］，或把它们的创始人当作英雄［史蒂夫·乔布斯（Steve Jobs）、拉里·佩奇（Larry Page）、比尔·盖茨（Bill Gates）、马克·扎克伯格（Mark Zuckerberg）等］来谈论的吗？

仅凭这三重功能，就可以确定品牌世界的对应关系。如果说主权者最初是牧师，他们拥有神赋予的权力、治理领土的权力和长期管理领土的能力，那么主权品牌也将是持续的，它们声称自己是行业的标杆，管理着一个领域，并宣称自己具有全面的能力。

由于战士是创造创新未来的人，他从过去中抽身出来，解放社会，并为社会带来各种可能性，因此与战士功能相关的品牌都具有创造性和创新性，以行动为导向，管理进步、效率和绩效，使个人能够成功应对挑战。

最后，生产者不再是农民，而是那些创造财富的人。他们的财富来自人力资本，而不仅仅来自大自然。生产者品牌致力于揭示人们的潜力、欲望、渴望或生活方式。与生产功能相关的文化植根于人与人之间的关系，立足于当下，具有强烈的人体工程学特性、实用性和有用性。它们努力确保产品适合并适应客户的需求。

从经济层面来看，对三重功能类型的分析表明，每个品牌都形成了一种文化，并将自身定位在一个主要原型上，这代表了其独特性的普遍组成部分。将一个品牌的历史身份与主要的跨历史原型联系起来，就能揭示其所代表的文化类型，并赋予其强大的力量。一般来说，该品牌的三重功能特性由其创始人的原型决定，随着时间的推移而发展，不会改变，因为它具有越来越强的连贯性，会形成里程碑，并生成企业文化。

*

在介绍这种久经考验且恰当的诠释方法时,我们需要作一些最后的评论。这种诠释方法时常被修改,使我们能够深入奢侈品世界,并引出社会和商业的双重视角。

奢侈品的历史源远流长,许多相关书籍都采用了历史研究的方法,这对我们有很大的诱惑力。尽管我们并不怀疑这种方法的价值,有时甚至为了它牺牲一切,但我们还是抵制了某种历史主义的做法,因为这种做法给我们留下的深入理解的空间很小,我们的大部分评论都集中在当代奢侈品上。这样做的另一个好处是为读者提供了必要的参考资料,并使他们有机会将这些资料与自己的经验相联系。奢侈品世界千变万化,涉及的物品数量众多,从最细小的到最华丽的都有。对所有物品都给予同等的关注,那是不切实际的。因此我们最常关注的,尤其是对于当代世界而言,是时尚和汽车这两个领域。

第一部分

奢侈，意象与社会

第一章

奢侈及其演变

"奢侈并非始于制造昂贵的商品，而是始于消费思想。消费思想先于积攒稀有物品出现。在成为物质文明的标志之前，奢侈是一种文化现象，是一种可被视为人类社会特征的思想态度。它肯定了人类社会存在的超越能力，即人类社会存在的非兽性。[……]这是礼仪交往中的馈赠，是一种慷慨精神，而非积聚大量财富。这才是原始形式的奢侈的特征。"我们可以认为，这种原始形式的奢侈有两种主要功能：宗教功能和社会功能。

由谴责到赞美

第一种功能是让人与神产生联结。这当然包括向神献上最稀有、最美丽的东西，以吸引他们的仁慈，但正如古代社会的某些宗教仪式所显示的那样，这么做也可能意味着用过度和挥霍来抵消时间的存在，并回到人类最初的无时间、无历史的世界。

马塞尔·莫斯（Marcel Mauss）在一篇著名的文章中描述了第二种功能，这种功能使许多原始社会的酋长能够通过挥霍来显示自己的富裕，从而对其臣民或其他酋长行使权力：为了赢得对手，必须"最富有且最疯狂地挥霍"，将最珍贵的东西烧掉或扔进大海。第二种功能的更普遍的后果是使个人因素从属于整体，并确保人与人之间的关系优先于人与物之间的关系。因此，我们不禁会设想："在人类历史的最长时期里，奢侈品成功地对抗了财富的集中，也对抗了政治统治。"

人们可能会认为，奢侈品在人类社会中承担着宗教和社会功能，因此会成为提升其价值的讨论主题。但事实并非如此。

在《大希庇阿斯篇》（*Hippias majeur*）中，柏拉图（Plato）设想美可以是黄金、象牙或宝石，这表明稀有之物对人的心灵具有审美价值。在《费德鲁斯篇》（*Phèdre*）和《理想国》（*La République*）的某些段落中，柏拉图的最终立场是，美也受到道德的制约，因此更受到赞美。但是，虽然稀有和美通常被认为是奢侈的构成要素，但奢侈并不一定受到重视，事实恰恰相反。柏拉图摒弃了将奢侈行为保留在神或神圣领域的神话，开创了贬低而非称赞奢侈的哲学传统和一整套表征。

在《理想国》第二卷中，柏拉图指出了人类的三种基本需求：进食、居住和穿衣。由于每个人都无法靠自己满足这些需求，而不得不寻求他人的帮助，因此这些需求是社会纽带的起源，也是城邦的基础。由于这种对他人的依赖，柏拉图认为这三种基本需求也给了我们不可逾越的界限。如果用心理学的术语来说，亚里士多德（Aristote）会说，只要这些需求得到了满足，就没有理由再渴求更多。

因此，我们不难理解，苏格拉底（Socrates）为何将奢侈定义为超出这些"自然"需求的任何事物，即身体及其对食物、衣服和住所的需求，以及他为何抨击过于精致的食物、过于考究的衣服（例如刺绣）或在建筑或装饰中使用黄金和象牙的房屋。苏格拉底总结道："满足是自然财富，奢侈是人为贫穷。"奢侈对城邦本身是有害的，因为它唤起了人们的欲望，使城邦赖以存在的健康的劳动分工及其所允许的平衡与和谐受到质疑。柏拉图进一步谴责奢侈，因为他偏爱战士而不是手艺人，因为战士的主要美德是勇气，超越了基本需求，而手艺人缺乏勇气，更容易屈服于过度需求的满足。军事生活使人坚强且高尚，而经济生活则使人软弱和堕落。

在古罗马和基督教时代的许多思想家中，无论他们是否追随柏拉图的脚步，都可以找到这些相同的思想。在罗马，对奢侈的谴责是一致的，从爱比克泰德（Epictète）到贺拉斯（Horace），包括老加图（Caton l'Ancien）、塞涅卡（Sénèque）、西塞罗（Cicéron）、尤维纳利斯（Juvénal）和贺拉斯，都对奢侈的罪恶提出了警告。

在塞涅卡和斯多葛派看来，身体本身就是自由的障碍。如果想获得自由，就必须尽可能地拒绝身体的欲望和命令。即使身体的某些需求必须得到满足，自然也会对这种满足施加限制。因此，我们不难理解为什么斯多葛派主张自然、简单和节俭的生活。而西塞罗则认为，自然的要求很少，而且很容易满足。反之，一旦超过了自然所规定的限度，身体的欲望就会自我膨胀，变得贪得无厌，受其支配的人就会向往奢侈的生活，而奢侈的生活正是万恶之源。这就解释了罗马历史上的某些普遍趋势，如提图斯·李维（Tite-Live）笔下共和美德的衰落，或者某些更具体的事件，如萨鲁斯特（Salluste）笔下的卡提利那阴谋，他认为对奢侈和金钱的热爱是导致罗马走向灾难的原因。

对罗马人而言，奢侈通常意味着过度，而当奢侈成为一种私人行为时，它也可能导致贪婪或引发多种形式的野心。除这些有害影响外，早期的基督教作者还增加了其他影响，尤其是奢侈很快就成了欲望的同义词。在《论女性装束》（*De Cultu Feminarum*）一书中，德尔图良（Tertullien）按照斯多葛学派的传统，提醒人们需要控制自己的欲望及过度欲望的危险，并从这个角度敦促人们警惕女性，因为她们特别容易激起一些人的欲望，并鼓励另一些人拥有欲望。当他谈及女性的华丽服饰时，他仍然将其与野心联系在一起。教父之一的圣奥古斯丁（Saint Augustin）则更进一步，他在《上帝之城》（*La Cité de Dieu*）中将女性对头发和皮肤的爱护作为情欲和卖淫的引子。

当然，在中世纪和文艺复兴时期的贵族社会中，"奢侈不是多余的东西，它是不平等社会秩序所产生的绝对必要的表现形式"。但事实是，古代的观念在基督教观念的强化和扩充下，形成了一个概念和表征的框架，决定了西方几个世纪以来对奢侈品的想象。事实上，在18世纪之前，这种概念和表征的框架及它所带来的想象力并不会受到质疑。社会中"君主权力崛起、贵族解除武装、资产阶级获取新地位导致的不是炫耀性消费的减少，而是声望消费的加强，同时奢侈品阶层扩大"，或许奢侈品已兼具商业属性与统治属性，继续被视为过度，但这种过度从此具有更积极的性质。从1690年尼古拉斯·巴尔本（Nicholas Barbon）的《贸易论》（*Discourse of Trade*）到亚当·斯密（Adam Smith）的《国富论》（*The Wealth of Nations*），再到曼德维尔（Mandeville）的《蜜蜂的寓言》（*La Fable des abeilles*）及大卫·休谟（David Hume）的《论奢侈》（*Of Luxury*），我们见证了观点的真正转变。用伏尔泰（Voltaire）的话来说，多余之物变成了非常必要之物。

欲望不再被视为受到自然限制的，而是被视为无限的，并被视为能够提升人的境界。巴尔本写道："心灵的欲望是无限的，人天生就有欲望，当他的心灵得到升华时，他的感官就会变得更加精致，也更能享受快乐。"休谟与此相呼应，他断言奢侈是"感官满足的极大改进"。如果我们愿意像曼德维尔一样承认奢侈与贪婪、嫉妒、傲慢或虚荣保持着关系，那么我们也会承认它是朝着所有人的利益方向发展的。当然，休谟说，欲望必须受到限制，但不能受到理性的限制，而且，只要人性无法改变，就应该以建设性的方式来引导激情，而奢侈及其所带来的精致就是很好的例子。亚当·斯密则补充说，奢侈甚至不是富人的专利，在商业社会中，奢侈会成为一种普遍的动机。

由过度到简单

转折点出现在18世纪，也就是启蒙时代，此时理性且胜出的现代性获得了理论、认识论和政治上的基础，奢侈品也获得了自己的忠实拥趸。因此，物质奢侈的定义变得更加具有积极性，然而古老的精神奢侈理念（尽管它是永恒的）则逐渐消逝了。用吉尔伯特·杜兰的话来说，它被雪堆冻结，以表示变化，即语义库在认识论上的破裂，导致被支配的语义库退出并成为次要的语义库。

这种重新认识预示并伴随着社会转型，虽然它还没有使奢侈成为一种美德，但至少承认了其积极影响。这与西方社会的兴起有关，在这些社会中，个人价值已成为至高无上的，并逐渐取代了社会整体价值至上的传统社会。这些新社会建立在"经济意识形态"的基础上，并确保选择自由与个人欲望的表达。我们可以理解的是，时尚作为一种重要的社会现象，与资产阶级的出现相吻合，或者更确切地说与民主的出现相吻合，它往往被视为奢侈品蓬勃发展的特权领域。19世纪下半叶崭露头角的高级定制时装使奢侈品成为"一种创意产业"，它也迅速成为奢侈品的展示平台，总之这一事实就证明了这一点。

奢侈似乎是时尚的终极表现形式。因为就其本质而言，时尚是瞬息万变的也是不断更新的，它本身就已经是一种奢侈，一种可以根据自己的欲望和心情为了改变而牺牲一切的奢侈。如果我们现在从加布里埃尔·德·塔尔德（Gabriel de Tarde）在19世纪末开创的模仿视角出发，并同时从格奥尔格·齐美尔（Georg Simmel）更具体地应用于着装规范的视角出发，我们就会发现，下层阶级在服装材质方面对上层阶级的模仿，导致上层阶级为了脱颖而出而创造新的时尚，这最终导致了奢侈。最后，奢侈品是"炫耀性消费"的最好例证，在托斯丹·凡勃伦（Thorstein Veblen）看来，"炫耀性消费"是时尚的基本特征之一。

由于奢侈的形成"与艺术、五感、个人激情和自由密不可分"，它被积极地融入了19世纪资产阶级现代性的社会空间。不过无论是对时尚现象的夸张与否，它的调性都与过度相关联。由于它像是一台"浮华制造机"，因此它所代表的意象是一个极端的世界。无论是过度的消费还是简单的过度装饰，它都偏离了预先设定的平均标准。它在一个多样化的组合中展开，偶尔会让人联想到神话和它专属的形象，以保证其具有一定的连贯性。

在19世纪形成并于接下来一个世纪强化的意象，在当时创造了一个真正的奢侈品及其品牌神话，这一意象是围绕着吉尔伯特·杜兰所定义的昼间体系的英雄叙事结构组织而成的。其中一种结构的特点是实用性不足，而这一结构却可以被视为奢侈的一种可能定义。尽管这种意象在很大程度上占主导地位，但在少数情况下，它也受到了另一种意象的挑战，这种意象似乎更属于夜间体系的合成叙事结构。另一种意象源于古代及基督教对奢侈的谴责。不过，柏拉图或斯多葛学派所倡导的节俭和朴素同时也得到了新教道德观的呼应。新教道德观不喜欢图像、偶像、炫耀与浮华。这种节俭与朴素成了对另一种奢侈的定义：要想奢侈，就不能表现得太过张扬。

19世纪的"纨绔主义"对时尚现象的基础结构提出了挑战，这是一个早期的典型例子。或许它首先是对时尚只属于女性、男性只属于非时尚的体系提出的挑战，但在这一挑战中，它也对奢侈进行了重新定义。与人们所设想的相反，这种挑战，至少对第一批纨绔公子来说，并不涉及模仿女性服装的华丽和迷人，而仅仅是在对饰物的关注方面向女性礼仪看齐。

我们知道，纨绔公子的原型布鲁梅尔（Brummell）崇尚"高质量的朴素"，但为了使自己精心考虑且讲究的着装吸引人们的注意，他强调严谨、庄重和近乎完美的整洁，像最优雅的女人一样，花上几个小时来打扮自己。正如波德莱尔（Baudelaire）所言，纨绔公子的这种姿态近乎"斯多葛主义和唯灵论"，通过这种姿态，纨绔公子开创了一种新的奢侈意象，这种意象调和了清醒与浮夸，或者更准确地说，只有通过清醒才能实现浮夸。

而在 20 世纪，一款女性服装设计建立了一种新的奢侈意象。可可·香奈儿（Coco Chanel）延续了保罗·博瓦莱（Paul Poiret）在世纪之交即开始的女装简化进程。她并未完全抨击定义简化女装的开放式系统，而是将其与男装的简洁性和功能性结合起来。她保留了裙装，尽管长度更短，剪裁使得行动更自由，选择的材料也更舒适，颜色也更简单。尽管如此，她的这一举措最终成就了著名的"小黑裙"，它很快成为当代女性优雅的象征，也成为时尚奢侈的新形式，正如我们所看到的那样。

香奈儿设计的"小黑裙"已经概括了后现代奢侈品的矛盾之处：它是任何女性都能买得起的"小件"奢侈品。奢侈品正在进入大众化阶段，一种人人都能负担且逐渐日常的奢侈品。"masstige"是"大众 masse"和"尊贵 prestige"这两个词的结合——正如今天的奢侈品设计师们称呼的。可可·香奈儿的第一件"小黑裙"于 1926 年出现在 *Vogue* 时尚杂志上，该杂志将其称为"香奈儿的福特"，因为它价格低廉，并易于投入大规模生产，正如第一辆大规模生产的美国汽车一样。它的设计线条十分简单，拥有长袖，但到膝盖处即停止。短款的设计让穿着者可以大幅度跳跃，因为对于可可·香奈儿而言，美来自身体的自由。黑色，在当时的着装环境下被众多战争遗孀穿着的颜色，也从哀悼的颜色转变为新的巴黎时尚，大大区别于当时仍以彩色为特征的流行风格。"小姐，您在为谁哀悼？"保罗·博瓦莱如是问香奈儿。"是您，先生。"她答道。

如此一来，在两次世界大战之间，短暂的"疯狂年代"见证了女性着装时尚的飞跃。"电报小姐们"穿着及膝裙，身材苗条。此前戴夸张帽子或穿庸俗服饰的女士形象被其取代。"女男孩"时尚以其飘逸的短装和俏皮的造型，继承了东方间谍的时尚。时尚和潮流似乎正在改变奢侈品的范式。

"极简主义"这一术语被用来描述这种基础的、清醒的、简洁的形式，其美学典范可能是禅宗艺术。禅宗艺术出于对抽象的热爱，喜欢"黑白素描，而不是古典佛教流派精心创作的绘画"。如今，流畅、多变和零装饰正被重新发现，成为后现代城市居所领域的奢侈。这类居所往往空间狭小，对空间和"多余"的追求需要进行最低限度的维护和整理，以求获得最大限度的舒适、平静和生活乐趣，这已成为对当代男女而言的奢侈……

极简主义的概念或许是处理奢侈与浮夸之间复杂关系的最佳方式。正如一道门槛，过了这道门槛，过度使用的含义就会倒置为相反的含义，奢侈逐渐由繁华转向严格的必要。很快，在现代性和市场经济的大范围内，物质奢华作为一种基本价值占据主导地位，返璞归真或将作为一种简单的奢侈再次出现，它没有任何炫耀的价值，但具有很强的实用性内涵，每个人都可以获得……

为了成为少数人，这种新的奢侈意象并非没有效果：纨绔公子的暗色着装与香奈儿的"小黑裙"即使不是独一无二的，也是相当引人注意的例子。它建立各种关系并进行社会阶层区分。事实确是如此，一方面，它与优雅和品位类似，都是围绕着相同的合成叙事结构组织起来的；另一方面，它定义了旧精英阶层的低调奢华，与新贵阶层的炫耀性奢侈，二者形成了鲜明对比。但过去10多年来，基于这种意象，我们看到了一场真正的革命。

语义库或长期文化潮流的概念，高度概括了进入西方现代社会后奢侈品价值转换的这一特征。"古典"或新古典主义时期和流派对奢侈下了一个相当精神性的定义，它们以柏拉图式的理想主义和希腊式的斯多葛主义为内涵，使奢侈更接近于优雅和隐蔽的、升华的美德，并倡导简单与匮乏。它们的形式是纯粹与空灵的，但其线条却是存在且结构化的。我们仍可以追寻这种昼间的、英雄主义的伦理和美学遗产的踪迹，如从大量包豪斯或勒·柯布西耶（Le Corbusier）的简约风格作品、蒙德里安的画作、伊夫·圣罗兰或让-保罗·高缇耶（Jean-Paul Gaultier）设计的服装的几何线条中。对勒·柯布西耶而言，"空间、光线、秩序，这些都是人类生活所需要的，就像食物或床一样"，这就是现代人的简单奢侈。

尽管奢侈与简朴在现代存在明显的矛盾，但它们的追求有多次趋同。许多理想主义流派，如哲学领域的斯多葛派、宗教领域的方济各会和贵格会，以及如今政治和经济领域的诸如"去增长"运动，所倡导的物质匮乏最初看上去是一种奢侈，因为它似乎是乌托邦式的、遥不可及的或是过于稀有的。随后，这种超越自我、克制自我或控制自我的奢侈总会在稍后阶段结出极其丰硕的果实。

在成为现代世界合理化的信条之一之前，经济意味着节省或用很少的钱生活，包含了古人所熟知的一套完整的理论与实践哲学。然而，对于社会和大众消费经济而言，朴素、简单的生活似乎是一种危险而非奢侈。至少最初是这样，因为在当代，人们开始回归或转向清醒的价值观，出现了生态的、公平贸易的产品，甚至是生态旅游。亨利·戴维·梭罗（Henry David Thoreau）在《瓦尔登湖》（*Walden*）或《林中生活》（*Life in the Woods*）中就已经提出了一种著名的精神财富主张："一个人的富有程度，与他所能舍弃之物的数量成正比。"

生活质量本身成为一种奢侈品，它与不同的标准相关：自由时间、情感关系、爱、内心和谐、责任、自由、和平、人道主义行动、知识、自然。缓慢和懒惰也是这种"真实"生活所必需的品质，生活也成了奢侈。然而，在现代普罗米修斯主义的背景下，这些价值观构成了一种"颠覆"或不服从的行为。物质匮乏作为一种精神上的奢侈，被提倡和传授，如许多东方哲学和宗教，包括佛教、道教、瑜伽，以及许多传统社会，包括美国的纳瓦霍印第安人。

在禅宗中，奢侈是与日常生活中最小的任务或最简单的活动"合而为一"的，如集中注意力、听音乐或洗碗。这就是要改变某一瞬间的"质量"。让日常生活中最简单的行为变得"神圣"，用仪式来丰富它们，发现或重新发现它们所蕴含的无数奇妙的教义。

"我曾把简单作为我生存的统一原则。我曾决定把事物精简到极致。在这种艰苦及严苛的方式中，有一种祝福，我要一直默念它，直到这种祝福属于我。"

在后现代时代，奢侈品已成为一种常见物品，显而易见地人人可及。虽然中产阶级在其经济能力范围内可以享用"小件"奢侈品，但奢侈的概念往往会更进一步，到达其他领域并改变其范式。奢侈品反过来成为区分社会阶层的战略的一部分，而格奥尔格·齐美尔早在19世纪末就强调了时尚的重要性。

物质层面的奢侈由越来越奢华和昂贵的物品所定义，并呈指数级增长地趋向过载甚至是过剩。当新的资产阶级逐渐进入奢侈品经济的领域时，此前的资产阶级则很快将他们视为"新贵"。不同的精英阶层对奢侈定义不同，并在后现代时代共存。在20世纪80年代，"波波族"嘲笑B.C.B.G.，B.C.B.G.是"Bon chic, Bon genre（好时髦，好派头）"的简称，后来又出现了"爱马仕丝巾配珍珠项链"的说法，同样是指资产阶级的风格，但更"经典"。从那时起，大资产阶级的品位更加低调内敛。他们嘲笑奢华炫目的时尚，并称为"bling-bling"。对阶级、符号及意义差异的微妙嘲讽在高级钟表品牌中得到了体现，如卡地亚（Cartier）代表更加经典，而劳力士（Rolex）则代表后现代。

低调的奢华，与浮夸炫耀的本质相反，成为一种不变的定律。也许这正是延续无私奉献行为中蕴含的古老优雅，正如国王和贵族时代的英雄行为一样高贵。因此，掩盖了巨大财富的简单正是后现代奢侈理念的核心，这种奢侈并不展示自己，也不试图展示自己，而是讲述一个传奇，一个"对自己而言"神圣的故事。

*

正如我们所看到的，通过一种历史角度的研究方法来理解奢侈品，已经是对想象力的研究，即使它不能进行分类，至少也可以勾勒出一些主线。我们仍可以更进一步，并找出划分奢侈品形象的主要趋势。

第二章
奢侈的炫耀性

相当一部分奢侈品的形象属于想象的昼间体系，更具体地说，属于吉尔伯特·杜兰所定义的英雄叙事结构。当然，我们不可能得出精确的统计数字，因为所谓的图像是相当不同的，这取决于我们是要追溯到很久以前，还是要追溯到异常久远的年代，因为那时的图像还很罕见，仅限于岩壁上的绘画抑或花瓶上的绘画，或是要考虑到西方世界的当代社会，因为它们在最多样化的媒体上提供了大量的图像。然而，仅从我们现有的图像来看，当奢侈品还不是奢侈品时，昼间体系完全占主导地位，而当奢侈品成为奢侈品时，昼间体系则在很大程度上占主导地位。

传统社会中的炫耀

这首先体现在传统社会，也就是所谓的原始社会或古代社会，这些社会还不知道奢侈为何物，只知道炫耀性消费。在许多原始社会，奢侈的形象直接代表着时间和死亡的面目。在过度消费的煽动下，这些形象通常借用兽化的象征手法，并不纯粹简单地表现凶残的怪兽形象，而成为人类原始恐惧的象征。马塞尔·莫斯所研究的许多宗教节日仪式的图腾，出现在波利尼西亚、美拉尼西亚和美洲印第安人地区，它们即使不是独一无二的，也是特别能说明问题的例子。

其他著名的古代社会，虽然有时也会为同样的象征主义献祭，展示类似的形象，但它们发展出了一套符合昼间体系英雄叙事结构的形象体系。这套体系不仅唤起了上升、光明或战斗的象征意义，而且还偏向于实用主义的缺失、分离、几何化和对立。例如，在古埃及，光明几乎扮演着独一无二的角色。埃及社会建立在太阳崇拜的基础上，法老们金碧辉煌的殉葬品彰显了埃及社会对光明的向往，与此同时，埃及的建筑也倾向于壮观性与几何性，这些都与其属于英雄主义意象并不矛盾。

几个世纪以来，这种英雄叙事结构一直存在于建立在君主制和贵族制基础上的欧洲社会中。虽然无私的行为和奢华的物品最初是为神保留的，但它们的华丽、权力和神圣性逐渐被那些拥有神权的皇帝和国王所独揽。王权即为这种炫耀性奢侈的体现，它处处意味着"与神的结盟，没有任何事物对它来说过于美，也没有任何事物能够在可见的财富方面与国王、王后或教皇相提并论或超越他们"。更多的时候，我们看到的是英雄元素的饱和，这些元素确立了一个"在功能上和/或象征意义上所有元素都以英雄为主题"的世界。因此，君主手持的纯金权杖，以及某些因"其形态、作用或象征意义而在语义上有所转变"的元素，如伊丽莎白一世（Elizabeth I）礼服上那些奢华的金子和炫目的宝石，其精致和细致的风格都让人联想到令人惊叹的神秘世界。

光，尤其是来自太阳的光，其象征十分壮观，随处可见。它被视为天界力量与生殖能力的隐喻，正如玛丽-克劳德·西卡尔强调的那样，许多印欧神话都证明了这一点。它在路易十四（Louis XIV）身边的象征主义中扮演着重要角色，并辐射到整个宫廷社会，正是这一角色"解释了国王为何偏爱阿波罗形象，这在芭蕾舞剧、雕刻和雕像中都能看到"。上升及分离的象征符号也是如此。1670年路易十四扮演阿波罗的肖像和1701年里戈（Rigaud）的名画都很好地说明了这一点，在这幅画中，太阳王手持权杖和宝剑，背景中神庙的垂直线条与升入天堂的天使形象相呼应。

除了君主制秩序，贵族制秩序也是英雄叙事结构的一部分。事实上，奢侈通过外观及行为表现出在各种条件下所占据的等级。

"我们能够证明，在18世纪，尽管经济保护主义解释了部分限制奢侈法，但其最重要的功能是维护'等级差别'。要做到这一点，就必须建立奢侈品消费的等级制度，由于奢侈品彰显并象征着贵族的优越地位，因此贵族必须最广泛、最明显地使用奢侈品，无论他们是否买得起。"

身为贵族就意味着浪费，意味着必须表现，意味着以被谴责为代价的奢华和挥霍。

不仅如此，我们不难发现，贵族的奢华是一种看得见的奢华，在其炫耀中也展示了一系列形象，在这些形象中，光的象征符号及分离或对立的形象作为普罗米修斯式愿望的化身出现，但往往存在着明显的实用主义缺失。贵族阶层的服饰，即由奢侈限制法系统化的宫廷时装，就是一个最好的例子。女性贵族服饰宽大且威严，男性贵族服饰则引人注目。然而，英雄的世界中还包括马车和城堡。它们有的在镀金和钝化材料上争奇斗艳，有的则在塔楼的垂直性和建筑规模的雄伟壮观上互相较劲。

民主社会中的炫耀

人们可能会认为，民主和资产阶级社会的出现意味着贵族阶层的这种炫耀性奢侈的消亡。然而，不得不承认的是，这种奢侈仍然存在，只不过其模式的霸权性有所减弱，尤其是奢侈品此时必定以某种方式涉及更广泛的消费者。当然，"随着商人和银行家富裕起来，奢侈品不再是高贵出身阶级的专属特权，它获得了一种自主地位，从与神圣和世袭等级秩序的联系中解放了出来"。然而，奢侈品民主化的第一种形式在很大程度上仍停留在英雄主义的意象中，"与之同时出现的不是昂贵产品在社会上的传播，而是仿制品和替代品及新古董的传播，它们通过冗余、过多的装饰、附加物的激增和富有表现力地哄抬物价来弥补个性的缺乏：这种传播是在刻奇这一资产阶级的生活风格和艺术的支撑下展开的"，而高级定制时装在其诞生之初似乎就是这种意象的精髓。

如果我们将目光投向法国，这一被许多人理应认为是现代奢侈品发源地的国家，或许我们会发现"我们的民主在多大程度上仍然深受君主制模式和贵族价值观的影响"。我们还能发现，"在这种民主环境下，如果有一个领域使这些价值观得以延续和发展，那就是奢侈品领域。在这一领域，我们可以说，每一个法国人心中沉睡的高贵幻想都能自由地表达出来，有时甚至被释放得无以复加"。然而，除了一个国家及其被压抑的价值观或其集体无意识，更普遍的是一些特定的历史时期为英雄的世界奉献了一切。

回到近代，20世纪60年代和80年代的奢侈品显然植根于英雄的世界。如果我们着重看一下时装和汽车这两个特定的行业，据统计，这两个也是产生了最多奢侈品形象的行业，我们会发现，60年代的时装和汽车形象在很大程度上是符合英雄叙事结构的。

正如我们在其他地方分析的那样，1965—1970年产出的时装图片中（高级定制时装和高级成衣被混称为奢侈品），80%以上都属于英雄叙事结构。除了服装和模特所传达的壮观和分裂的象征符号，摄影布景也包含上升的象征符号，而分离、对立和几何的形象则在服装本身和服装图像中占据主导地位。游弋于遮掩与不遮掩这两个对立面的迷你裙，通常是白色和黑色的条纹和格纹连衣裙，金属材料，皮质短靴或高筒靴，所有这些都是这一时期的特征。至于模特们，则通常来自斯堪的纳维亚，有着一头如阳光般灿烂的金发。她们为广告片摆姿势，其拍摄布景往往突出了垂直、巨大、天空、空间或光线和太阳。某些特别时装系列极具说明性，如伊夫·圣罗兰1965年冬季的"蒙德里安"系列，其中的连衣裙严谨对称，安德烈·库雷热（André Courrèges）的"太空连体服"，或帕科·拉巴纳（Paco Rabanne）的金属色"太空战士"连衣裙。与此类似的还有一些时尚摄影作品，如韦鲁施卡（Veruschka）为伊夫·圣罗兰的撒哈拉狩猎系列身着狩猎服，在热带草原的背景下摆出各种姿势，或是莫德·伯特尔森（Maud Betelsen）在瑞士的莱迪亚布勒雷，在蓝天和群山的背景下，一本正经地身着帕科·拉巴纳的金属连衣裙和金属头饰。

在与之大致相同的时期（1960—1969年），豪华车本身和宣传豪华车的一些形象，或者换句话说，汽车的意象与汽车行业的意象，也以同样压倒性的比例体现了英雄叙事结构。

这一时期出厂的豪华汽车中跑车的占比极大，如标志性的捷豹（Jaguar）E-Type，还有阿尔法（Alfa）罗密欧2000 Sprint、福特（Ford）野马350 GT、保时捷（Porsche）911、法拉利（Ferrari）250 GTO和代托纳（Daytona）或兰博基尼（Lamborghini）350 GT和Miura。因为跑车的引擎盖一般都是拉长的，属于昼间体系和英雄叙事结构，直接原因是这种物理上的空气动力学特性使它能冲开空气并将其转化为一个钝器，一个"分离和净化"的物体，而间接原因是这种象征速度的引擎盖在与死亡交手时使人能超越时间并超越自我。

不过这一英雄叙事结构的主导地位还归因于当时的汽车设计师对方正线条甚至是几何线条的强烈偏好，宝马（BMW）1500、2002和2005就是很好的例子。在这两种情况下，考虑到宣传汽车时不可避免地会出现的广告照片，也证实了这种英雄叙事结构的存在。因为在绝大多数情况下，汽车的意象与汽车行业的意象之间并不存在矛盾，并且在汽车设计方面定义一个时期的主要结构，也是在广告方面定义这个时期的主要结构。

20世纪80年代的奢侈品形象，尤其是时装形象描绘的是一个英雄世界，如果不是那些融入合成叙事结构的汽车行业形象的话，这一点就显得不那么明显了。在那个时期，图像的氛围已经远远超过了形状、色彩和材料的重要性，那些暗示着英雄世界的服装不仅需要一个叙事和一个广告延伸，还需要一个外部布景来容纳和伴随它们，其图像在英雄叙事结构上游移。设计师从战争中汲取灵感，乔治·阿玛尼（Giorgio Armani）和詹尼·范思哲（Gianni Versace）于1980年秋冬推出了马裤，范思哲于1982年秋冬推出了锁子甲马甲和连衣裙，蒂埃里·穆格勒（Thierry Mugler）于1984年秋冬推出了地狱天使夹克。当其他服装不能像上述服装那样自己彰显英雄世界时，它们就会在时尚大片或广告宣传册的图像中体现英雄世界。因此，那些华丽、庄严的服装，如穆格勒于1984年2月从弗朗门戈舞者阿玛亚处获得灵感的长裙摆大开衫外套，以及阿瑟丁·阿拉亚（Azzedine Alaïa）的紧身服装必须被视为实用主义缺失的典范，它们往往与城市、山脉或沙漠的图像相匹配，具有纵向的线条、极端的亮度和强烈的对比。

如果说这些图像可以作为香奈儿、伊夫·圣罗兰、阿拉亚或温加罗（Ungaro）等品牌创作的布景，那么蒂埃里·穆格勒的做法则更具有说明性。蒂埃里·穆格勒大量运用的图像包括摩天大楼、蓝天、美国西部狂野崎岖的地形、金属结构及几何形状和钝器的图像。他运用了上升的象征符号和壮观的象征符号（如蓝天上的降落伞、长着翅膀的雕像、主神和英雄的雕像等），所有这些反题都预示着他将在1991年的广告宣传中推出一个凶残的怪兽形象。

1987年7月，克里斯汀·拉克鲁瓦（Christian Lacroix）的高级定制时装系列将 20 世纪 80 年代时尚界的英雄世界推向了顶峰。这个系列以其雄伟的造型和奢华的面料呈现出一种罕见的奢华，并以地中海为背景，表现出对光和太阳的追求。需要补充的是，这个被称为"崩盘时尚"系列几乎与秋季股市崩盘同时出现，并通过其形象和预期，即使不是直接对死亡焦虑的反抗，至少也是对这场危机将引发的经济和社会恐惧的反抗。

20 世纪 60 年代和 80 年代的奢侈意象植根于英雄叙事结构，这一现象引发了我们对一些社会学问题的思考。吉尔伯特·杜兰强调："极端的甚至可能是'病态的'理性主义凸显了表征的昼间体系的分裂（或英雄）叙事结构。"因此，20 世纪 60 年代时这些叙事结构占主导地位，它们似乎是至少自启蒙运动以来乃至整个 19 世纪控制西方社会的普罗米修斯主义的化身，这种"伟大的进步意识形态用理性的工具来谋划社会和个人的福祉"。

如果说 20 世纪 80 年代也是彰显昼间体系的时代，那也是合乎逻辑的。然而，尽管英雄叙事结构依然重要，但它们与对时间和死亡的面目的想象并存，而当这个时代似乎成为普罗米修斯主义的另一个化身并肯定理性的益处时，它无疑是一种明显不同的模式，表明的与其说是一种哲学立场，不如说是一种社会实证主义。除了这种哲学立场，最重要的是一个社会对世界和整个生命的道德态度，它考虑自身与共存的方式，而这正是奢侈的意象所能突出的。20 世纪 60 年代奢侈品的英雄世界是一个自信的社会，这个社会相信自己有能力面对所遇到的挑战，它傲慢自负，蔑视现实，在一个可怕的、动荡的未来，似乎没有什么是不可能的。20 世纪 80 年代同样表现出对自己和未来充满信心的社会活力，这样的社会努力实现经济进步，并通过掌握技术实现现代化。

品牌的炫耀

虽然炫耀性和英雄叙事的奢侈品在特定时期的形象中具有特别强烈的存在感，但它在很大程度上也不受时间的影响。就供应而言，奢侈品仍然是定义明确的品牌；就需求而言，奢侈品仍然是某个特定类别消费者的奢侈品。

如果我们先来看看第一种情况，即品牌的情况，并从供应方面考虑，我们就会发现某些品牌从最初的项目开始就植根于英雄叙事的意象，并一直保持至今。仅举几例，迪奥（Dior）、蒂埃里·穆格勒或劳力士等品牌都有昼间体系及英雄叙事的意象。

迪奥在其创始人的设计中，就已将几何结构（A 字形线条和 Y 字形线条）与实用主义缺失的结构（宽大的连衣裙）融为一体，如反题与光的结构。正如我们所见的那样，在 20 世纪 80 年代，蒂埃里·穆格勒就是这种英雄叙事意象的一部分，这种意象由垂直性、钝器材料、开阔的空间、上升的和壮观的象征符号组成，并一直延续至今。至于劳力士，该品牌在与时间的抗争中创立，它在极端几何化和某种实用主义缺失中找到了自己的基本形象，并发展出一种意象，它的某些表的款式，如代托纳系列，让人联想到赛车行业及与钝器相关的象征符号。

其中，一些奢侈品牌在最现代的香水形象中竞相演绎英雄世界，这是它们认同英雄世界的证据，超越了时间和历史的变迁。我们还可发现，蒂埃里·穆格勒的天使之星香水的星星象征，爱马仕福宝街 24 号香水散发出的温暖光芒，"笼罩着光环或光晕的脸庞、香水瓶、广告画面里的物品，更不用说到处闪耀的金光，甚至某些化妆品［娇兰（Guerlain）的流金系列］或某些香水（很快就被遗忘的杜兰朵黄金香水或迪奥的真我香水广告中模特们从金色浴池中走出来）"，都与太阳和光的象征联系在了一起。总之，值得指出的是，迪奥真我香水的最新形象完美地诠释了意象的功能，在这种情况下对英雄的想象，就像是祛除对死亡的焦虑。南非女演员查理兹·塞隆（Charlize Theron）的青春期因其父亲被母亲杀害而被忧郁的气氛笼罩，广告商利用了她的形象，并将其转变为基本的人类学模式。

如果我们再来看看第二种情况，即消费者的情况，此时我们从需求方这边调转过来看，乍看之下会发现一些矛盾之处。正如我们所看到的那样，奢侈品的英雄世界曾是君主和贵族的世界，而自进入民主时代以来，它至少更多地成了那些新贵阶层的奢侈品，没有比"新贵"更合适的术语来描述他们了。"那些超级新贵不可避免地要经历一个非常喜欢炫耀的消费阶段，人性如此"，这个消费阶段可以被解释为一种模仿欲，模仿那些以前的上流阶层或被认为的上流阶层。

毫无疑问，在西方社会之外，"世界上的某些地区（最富有的阿拉伯国家）或某些消费群体（俄罗斯、印度或巴西的新百万富豪）似乎更喜欢炫耀性的奢侈品"。也正是这些来自西方或来自新兴国家的新贵们，通过消费奢侈品或经常光顾其形象充满英雄叙事元素的奢侈场所来炫耀自己的财富。

在各种英雄叙事结构中，实用主义缺失无疑是最常见的，也是在任何情况下都最突出的。海湾国家富商的妻子们所穿的礼服，其金色的刺绣和体积与质量都显沉重的首饰都包含了一种特别明显的光的象征意义，这是特别能说明问题的例子。迪拜或世界其他许多地方正在建造的体积庞大或装饰繁多的酒店也是如此。

也许汽车行业才最能体现出这种实用主义的缺失，因为这个行业从根本上说比时装行业更男性化，而时装行业则被打上了女性的烙印，因此汽车行业能更好地表达仍以男性为主的成功故事。一种旧时的象征意义，现在已经被削弱但偶尔又会出现，使豪车成为社会地位和经济成功的标志。为了迎合这种象征意义，许多新贵阶层，从摇滚明星到工业巨头，以及发展中国家的新亿万富豪，都曾显示或仍显示出坐劳斯莱斯（Rolls Royce）的意愿。劳斯莱斯曾是旧时有产阶级的豪华用车，在英国更是君主的座驾。从目前的欧洲交通标准来看，劳斯莱斯更是几乎完美地诠释了实用主义的缺失。

*

如果我们将这种被纳入英雄世界的哲学和道德意义看作对自我和未来的信心，那么新贵阶层而不是旧时的统治阶层被纳入这个世界就不再显得那么荒谬了。物质财富使那些获得物质财富的人有充分的理由对未来充满信心，并处于一种前瞻性和进步性的活力中。此外，我们也将理解，在奢侈的意象本身主要建立在英雄叙事结构基础上的时期，与在该意象处于夜间体系并使用其他叙事结构的时期相比，消费者之间彼此更为调和。例如，20世纪60年代，披头士乐队（Beatles）和滚石乐队（Rolling Stones）等摇滚明星一成名就争相购买的劳斯莱斯并不像今天这样令人反感，它们只不过是对他们有利的氛围的一部分。或许劳力士手表也是如此，它非但没有使佩戴者失去威望并沦为"bling-bling"一族，反而成为"80年代非常流行的略显浮夸的奢侈象征"。

第三章

奢侈的优雅性

奢侈除了这种在很长时间占主导的炫耀性的意象，还有另一种意象，一种至少自19世纪以来逐渐发展起来的合成叙事意象。吉尔伯特·杜兰强调说，这种结构的过度存在要求将其转换为其他结构，而这些结构几乎"不受事件、历史和社会因素的影响"。因此，我们有理由认为，奢侈品的英雄世界向合成世界的转化，或者更普遍地说，奢侈品形象从昼间体系向夜间体系的转变，应归因于英雄叙事结构本身的霸权，而不是某种历史或社会现象。我们甚至可以认为，初步探索于18世纪的这一转变预示着其后到来的社会革命，如法国大革命，以及19世纪的所有完成或夭折的革命。因此，意象是历史的模子，而历史本身"只不过是受挫的原型愿望的巨大象征性实现"。

优雅与区分

如果说奢侈的英雄叙事意象以炫耀为特征，那么合成叙事意象则以优雅为最明显的表征。我们知道，优雅是奢侈品最先进的定义之一，与成本、稀有性、美、独特性和幸福感为伍。与优雅密切相关的区分、诱惑和品位等概念也值得讨论。

菲利普·佩罗（Philippe Perrot）在谈及 19 世纪时指出："资产阶级服装取代了过去服装的多样性［……］在其表面的统一性之外，还融入了一个维度，在这个维度中出现了更微妙的差异，新的品质在这里得以展现和培养。［……］'区分'正是在这一启蒙空间中发展起来的，它是服饰话语和实践史上的新价值，是面对被模仿的危险而日臻完善的标识中即将成为首要的元素。从本质上说，'区分'是资产阶级的、毫不民主的，它继承了昔日的'雅致'和'风度'，改变了优雅和礼仪，并使从旧政体继承下来的关于举止、含义和适度的整套学问变得更加复杂。"

自 19 世纪服饰革命以来，要想尊贵典雅，以示区分、彰显身份，就意味着要在资产阶级服饰的既定框架内，遵守其庄重和统一的准则，但要在不那么显眼的地方更加精致，如面料或剪裁，或领带等特定元素，甚至是帽子、手套或手杖等配饰。简而言之，展示自己的财富，这也是托斯丹·凡勃伦赋予服装的功能，同时也要展示自己的文化，而且要在细节上不那么炫耀：

"随着财富和文化的进步，我们注意到，我们拥有了一些所需要的东西，但所采取的手段却要求观察者具有越来越高的辨别力和洞察力。"

显然，乔治·布鲁梅尔，最早的纨绔公子之一，在 19 世纪初就很快理解了这一切。在他的一句箴言中，他断言"一位绅士可能招致的最严重的凌辱就是在街上因其外表而引起别人的注意"。作为区分方面的专家，他用一句著名的话概括了自己的立场："要想穿着考究，就必须不引人注意。"其他人也坚持这种低调的区分，如波德莱尔在《现代生活的画家》（*Le Peintre de la vie moderne*）一书中对纨绔主义进行反思时，认为"绝对简洁"的着装是"以示区分的最佳方式"。

因此，我们通常所说的区分必须在一个明确界定的着装体系中加以理解，然后才能赋予其更广泛的含义，并将其与模仿置于辩证关系中。相反，优雅则可以在这一体系之外被理解。从西方的角度来看，一个穿着来自其他文明的传统服装的人（如阿拉伯王子或印度摩诃罗阇）肯定不会被说成是以示区分的，但人们完全可以谴责其优雅，当这种优雅很明显时，正如几年前对阿富汗总统哈米德·卡尔扎伊（Hamid Karzaï）那样。反过来，我们可以强调一个人在自己文明语境下的区分，但或许他只有在一定程度上跳出了西方着装的既定规范框架及其区分手段，才会被认为是优雅的。让·科克托不无洞察力地指出："优雅在于不修边幅。"即使不将这一观点绝对化，我们也应将"不修边幅"一词理解为与现有规范或西方服饰总体规范的偏离，也可以理解为与特定历史时期规范的偏离。它是基于性别、年龄或情境，或者是服饰本身与穿着方式之间的偏离。

以上几个观点并非无关紧要。它们使我们得以提出一种特征，并设想一个定义。确实，现在我们似乎可以认为优雅正是一种合成，或者更确切地说，可以用吉尔伯特·杜兰提出的意象的合成叙事结构术语来定义它。优雅不是先验定义的，而是由其表现的证据所证实的；而且最重要的是，它不是一种概念建构，而是在表现它的图像中建构的。

我们回顾一下，人类想象力所激发的形象可分属于三大叙事结构：英雄叙事结构、合成叙事结构和神秘叙事结构。我们同时回顾一下，炫耀属于第一种结构，其特点是实用性的缺失、分离、对立或几何化。而优雅则属于第二种结构，即合成叙事结构，其特点是对立面的和谐、辩证或对比特征、诉诸历史及未来的现时化所体现的进步。

对立面的和谐

因而我们可以理解，以优雅为标志的奢侈意象的出现，即使不能预见重大的社会动荡，至少也是伴随着这些动荡的。我们可以同巴尔扎克（Balzac）一样，认为优雅起源于只知道奢侈的旧制度的瓦解，从而尝试将这种新的意象的发展与社会现实联系起来。

巴尔扎克在他的《风雅生活论》（*Traité de la vie élégante*）一书中解释说，革命带来的旧社会结构的解体，如国家财产的出售、长子继承权的废除、财富的分割，使宏伟的计划和不朽的艺术受到质疑。此时"简约的奢华"取代优雅，它不再体现特殊，而是体现日常；不再体现集体，而是体现个人。服装，尤其是男装，摆脱了旧制度的繁文缛节，却陷入了千篇一律的境地。优雅的出现是为了恢复必要的差异。从那时起，服装的功能反映了社会文化的差异。正如巴尔扎克在他的一条公理中所写："野蛮人遮盖自己，富人或傻瓜装饰自己，优雅的人打扮自己。"

自此，这种意象不再主要表现为专属于英雄叙事结构的壮观建筑或华丽装饰，而是一种风格和一种存在方式，是对"个人形象"而非"阶级形象"的宣传。因此，定义消费者的合成叙事形象更有可能出现在消费者的行为中而不是品牌的作品中，出现在需求中而不是供给中。然而，由于这些形象主要是个人作品，它们也可能是有影响力的设计师的作品，如果特别具有代表性，则最终会定义一个时代的氛围。

如果我们回顾一下奢侈品的历史，尤其是19世纪以来的时装史，我们会清楚地发现许多品牌和设计师的例子都说明了这种合成叙事结构。在这方面，爱马仕的品牌标识就是一个缩影。它用一幅小画描绘了那辆著名的马车，马车夫用缰绳牵着马车步行。它当然暗示了冲开空气的可能性，却是以一种耐心和慎重的方式，这是辩证和对比的典范。此外，它还通过文字唤起时间的概念："爱马仕手表拥有它所有的时间"或"时间之礼"。这样做的目的是让时间停在当下。

20 世纪初，保罗·博瓦莱将东方风格的服装引入女装，而香奈儿则将男装的功能引入女装，二者都或多或少地为对立面的和谐作出了贡献。在男装领域，伦敦萨维尔街的西装店及意大利的克莱利亚尼（Corneliani）和杰尼亚（Ermenegildo Zegna）等品牌都对时间的维度感兴趣。至于同样诞生于 20 世纪初的汽车品牌，如阿斯顿·马丁和摩根（Morgan）汽车，它们并非没有节奏感，也并非没有对历史的追溯，前者从一开始就预料到了历史的不断消失和重生，而后者则在最初风格的基础上进行了系统性的发展。但毫无疑问，伊夫·圣罗兰这样的设计师是近代最突出、最完美的例子之一。

伊夫·圣罗兰或许比其他任何当代高级时装设计师都更能体现优雅的气质，他的作品及其所唤起的形象无疑是这些合成叙事结构的完美诠释。它们通过雌雄同体、异国情调和历史回溯的象征与主要模式，展示甚至激发了合成叙事结构。

或许我们可以提出反驳，某些对立，如男性与女性的对立，远没有表现出完美的稳定性，而是随着时间的推移而减少，即使没有完全减少，也在任何情况下都不那么具有决定性。我们很愿意承认，一种新的服饰形式属于某种特定的叙事结构，这在其出现或流行时是无可争议的，但当它成为日常景观的一部分时，这一事实就不再那么明显了。例如，西装裤在 20 世纪 60 年代因其对西方服装体系的性别化提出了挑战而理所当然地被视为属于合成叙事结构，但在今天，当所有时装设计师都偏爱男装时，西装裤就不再真正代表这些结构了。

然而，尽管在过去的 30 多年里，男性与女性的衣橱已变得更加相近，前者的几乎所有物品都被纳入了后者的衣橱，但在服装方面，集体记忆仍然被性别二态性所主导。在中世纪，西方服装的系统是以开放的女性服装和保守的男性服装为基础的。到了19世纪，这一系统通过将朴素给予男性并将色彩和幻想留给女性而得到了强化。因此，即使在今天，一种弱化的方式，雌雄同体风格也可以被理解为对男女各自着装规范的背离和外化，即使不是对这些规范的挑战，也将继续代表着优雅。伊夫·圣罗兰则凭直觉预感到了这一切。

早在1958年，他还在迪奥时就没有将优雅简单地视为漂亮服装，而是将其定义为一种生活方式，一种"转译自我"的方式，或者几年后，在"垮掉的一代"风格的诱惑下，将其定义为"做自己"，从而明确了优雅只能通过偏离规范来实现。但他对雌雄同体理想的迷恋更清楚地表明了这一点，这种理想多年来从未真正消退，而且超越了他最初的同性恋动机。他不仅清楚地意识到几千年来的服饰制度在对待两性方面留下的印记，还隐晦地将雌雄同体与完美、统一和永恒联系在一起：

"我选择了这套真正的男士西装来代表未来的女性。我认为，20年后，它将同样准确：未来女性的身材正朝着细长、苗条、雌雄同体的身形演变，更接近青少年的身体，这种模糊性造就了它的魅力和诱惑。"

伊夫·圣罗兰的目标是"创造永不过时的原型，就像达到完美境界的牛仔裤一样。［……］牛仔裤不分性别，它能被所有男女穿着，不分季节，无论白天黑夜，无论纬度高低，无论年龄大小，无论社会阶层"。

这位伟大的时装设计师通过服装展现了雌雄同体这一古老神话形象的所有特征，不仅超越了性别的界限，还超越了时间和空间。正如在古希腊雕塑中的赫马佛洛狄忒斯雕像，以及时间更近一些，在吉罗代（Girodet）、布罗克（Broc）、普吕东（Prud'hon）和卡诺瓦（Canova）的19世纪早期新古典主义绘画中，雌雄同体都象征着美。在当代西方时装界，除了圣罗兰，还有乔治·阿玛尼、迪奥及艾迪·斯理曼（Hedi Slimane）的男装设计中，雌雄同体的服装都象征着优雅。

总的来说，合成叙事结构，尤其是雌雄同体的象征，定义了优雅与诱惑。20世纪70年代时，伊夫·圣罗兰本人不正提醒了我们吗？"诱惑一词已取代了优雅一词。"吉尔伯特·杜兰的人类学观点表明，合成叙事结构往往与性相关。这种观点坚持认为，除其他外，在许多古代社会的想象中，循环图式具有性意味，并认为和谐结构的心理生理主导特征是色情行为。然而，诱惑即使不是性的决定性前提，也是性的必要前提。即使诱惑活动的内在逻辑将诱惑与性欲对立起来，并使后者与前者几乎互不相容，而性欲始于诱惑停止之处，那么就必须承认，诱惑能力是肉欲消费的先决条件。而且，在诱惑的欲望中，服装起着重要的作用，甚至可以说是主导作用，因为无论对错，服装似乎都能帮助或有益于该欲望。纵观当代时尚与当代世界，两者之间的关系尤为明显。服装的女性化突出了男性诱惑的有效原则，从而增强了男性诱惑，因为对于男人而言，诱惑的根本在于女性；反之，服装的男性化不仅没有疏远女性的身体，反而突出了女性的柔美。正如伊夫·圣罗兰所强调的："穿着西装裤的女人远非男性化的。"他还补充道："裤装是一种风情，是一种额外的魅力，而非平等或解放的标志。"

可以肯定的是，诱惑只能持续一段时间。它是流动且短暂的，在刹那间发挥作用，但并不持久。而且，一旦第一次惊喜的震撼过去，它就会让步于习惯和传统，那么带有色情色彩的诱惑注定会消退，剩下的就是优雅，带有不那么强烈的色情色彩，也许还有我们所说的品位。

品位似乎是优雅的一种特殊变化形式。衣着优雅与衣着有品位之间似乎没有什么区别。简单地说，品位不像优雅有炫耀的一面，它只注重细节而非整体。和优雅一样，品位也可以用意象的结构来定义。事实上，我们通常所说的"有品位"，不就是这些完全合成叙事的操作吗？比方说，知道如何剧烈地撞色或巧妙地调和色彩？如果我们采用想象、辩证、对立面的和谐、诉诸历史等几大合成叙事结构，那么品位就是知道如何将印度长衫与西方长裤、西装裤与女式上衣、男式衬衫与裙装，甚至是古代服装与稍现代的服装进行搭配，所有这些看似无害的操作都包含着更深层次的人类学意义。

如果说品位与优雅遵循着相同的原则，只是略有不同，那么品位的适用范围则要宽泛得多。品位并不局限于服装，优雅却依然与服装紧密相连。但在服装之下，优雅意味着以身体为载体，它是一种原始而自然的优雅。或许无论穿着什么样的衣服，如果一个人的身体特征偏离了特定时代和文明的良好身材标准，那么此人也很难被视为优雅的。此外，这些标准没么容易随着时间的推移而发生根本性的变化，比如说，臃肿或肥胖的身体或许不会被定义为标致。相反，品位则更加独立于身体，它甚至可以让我们忘记身体，因为它让我们注意到被穿戴之物，而不是穿戴的人是谁。因此可以理解的是，品位可以超越服装的范畴，延伸到许多其他场合，而在这些场合中，我们却会对谈论优雅有所迟疑。例如，被谴责的不仅可能是一个人穿衣的品位，还有可能是另一个人设计房屋、装饰室内或修整花园的品位。

为了涉及更为广泛的应用领域，从时尚服饰到园林景观再到室内设计，品位所涉及的合成叙事操作与优雅相同，并能唤起一系列对立和辩证的形象，但同时也包括多样性和谐和存在张力的图像。美学教育与惯常眼光的结果会本能地将衬衫的色调与夹克的色调、地毯的色调与墙纸的色调、灯罩的色调与窗帘的色调相匹配，色彩的对立与和谐立马就显得重要且明显了。但除了这种对立与和谐，伊夫·圣罗兰的服装所特有的对立在这些形象中往往也很突出。

当然，与服装相比，雌雄同体的象征在室内装饰或园林设计中的表现并不那么直接。至少，它偶尔会以一种变体形式出现，如兼具硬朗直线和弧线的建筑或装饰组合。在集体意象中，前者与男性有关，后者则与女性有关。不过，异域情调与历史的图式也同样明显、同样强烈，甚至似乎为这一领域的品位提供了某种定义。通常，我们评判室内设计师的品位通常与评判建筑师或园艺师的品位一样，不正是在于看他们是否擅于将各种流派融会贯通，使之成为一个和谐的整体吗？或许更具体地说，在于每个人将异域元素与西方元素抑或是古代元素与当代元素混合的能力！因此，在室内，波斯地毯与帝国风格扶手椅的成功并置，或者同一张帝国风格扶手椅与菲利普·斯塔克（Philippe Stark）的家具的成功并置，才是品位的体现；而在室外的花园或公园里，外来植物与本地植物的和谐共存，或者一棵百年老树与新近种植的植物的和谐共处，才是品位的体现。

时代精神

我们可以看到，品位同优雅一样，能跨越历史的变迁，并总能指向可以用合成叙事结构来定义的形象。因此，其作用并非微不足道。即使不是人类学上的不变因素，至少在西方思想中，这是一个从未停止被重温、和解和联系的恒常因素。品位和优雅能激发联系和平衡相关的意象，因此，这两者似乎是衡量事物的公正尺度，如此看来，它们远没有某些人所想象的那么无足轻重。相反，它们正在成为重要概念，并带来了一种全新的哲学思考。与其被诋毁或被摒弃为纯粹的审美概念，这两者需要被人们所追求：在一个正在迷失方向的世界里，它们可作为使社会或文明找到自己位置的不可或缺的美德，或至少作为个人生活的基本要求。

"奢侈关乎金钱，优雅关乎教育。"萨沙·吉特里（Sacha Guitry）如是说。如果我们从社会的角度来看，我们会很愿意承认，这种由合成叙事结构定义并以优雅概括的特殊形式的奢侈，确实是那些远离炫耀性奢侈的人的奢侈，是那些要求文化或教育的人的奢侈，例如，他们更喜欢精品酒店或老酒店的魅力，而不是新酒店的建筑风格。那些习惯了奢侈世界的人，经过长期的成熟过程，懂得融合并协调其中的一些价值观念。至于那些虽然不那么习惯，但能够本能地重新发现这些价值的人，如"年轻人或职业女性，对他们而言，奢侈并不是一种自然的反射，但她们会欣赏自己发现的世界，并培养自己的品位"。一方面是老一代精英，他们的目光习惯于忽视炫耀性消费；另一方面是新一代精英，他们所受的教育使他们将炫耀性消费置于一旁，希望通过将奢侈作为一种彰显更高品位、修养和优雅的社会属性，从而向上跨越阶级。

除了特定类型的消费者，有时一个特定的时期也能在合成叙事结构中找到其偏好的奢侈形式。20世纪70年代和80年代初的时尚界就是如此，伊夫·圣罗兰这样的设计师在这一时期影响深远，以至于定义了一个时代。除了伊夫·圣罗兰本人的作品，这一时期的许多成衣和高级定制时装作品都注重两性的和谐、文明的交融及历史的回溯，如1970年末的阿玛尼套装、1981年让-路易·雪莱（Jean-Louis Scherrer）的印度系列高级定制时装、1977年卡尔·拉格斐（Karl Lagerfeld）的18世纪灵感系列及1981年詹尼·范思哲的古代与文艺复兴系列。不过，那个时代的汽车设计也不例外，它们兼顾了公路驾驶的舒适性和越野的运动性，像路虎揽胜（Range Rover）这样的豪华车就是很好的例证。

20世纪70年代的合成叙事宇宙似乎是对60年代占主导地位的英雄叙事宇宙的延伸和挑战。虽然它并不一定会对前一时代的自信产生怀疑，但它确实重新考虑了实现自信的方法。这10年间出现的合成叙事结构反映了人们对外部与内部、过去与未来之间平衡的愿望，对调和性力量与历史力量、体验每一时刻的充实感的渴望，以及重新与古老社会特有的循环时间观联系起来的渴望，这种时间观念能在瞬间传递永恒。

*

在描绘时代精神时，奢侈的形象并非无关紧要。"对折中的关注是夜间体系的标志",这种关注体现在一种哲学态度上。这种态度基于对自然或宇宙和谐的感受,在自然主义与神秘主义之间摇摆不定,或者当这种态度最终成为一种调和一切的渴望时,倾向于融合主义:调和理性主义和神秘主义、理智、直觉和感受。

第四章

奢侈的舒适性

如果说奢侈的意象主要存在于图像的昼间体系中，尤其是在英雄叙事结构中，那么它也同样存在于图像的夜间体系中。通过合成叙事结构，奢侈的意象已从美学和社会学的角度定义了奢侈的本质。不过，在夜间体系中，它也在神秘叙事结构中找到了最现代的表达方式，好像英雄叙事结构与合成叙事结构的饱和导致它们转化为想象项目中最后可用的叙事结构一样。

从舒适到安逸

然而，神秘叙事结构的特点是重复、叠加、细致或微型化，其象征符号是亲密和颠倒的，如果我们考虑到它的一个重要决定因素是舒适，那么我们就可以将现在这种奢侈意象的神秘叙事结构归属追溯到更久远的年代。在18世纪末,《百科全书》(*Encyclopédie*)将奢侈定义为"用财富和工业来换取一种存在形式"。读到这一定义,我们有理由认为,奢侈不再仅仅是一种挑衅性的铺张展示,而是已经"变得舒适、毛茸茸,[……]趋向于安逸、'便利'和生活艺术",然后又加入了"舒适,一个在19世纪中叶之前还没有其现今含义的词语"。但其他人通过一些具体事例,为奢侈赋予了一个更近的诞生日期。斯特凡·马尔尚(Stéphane Marchand)指出,托德斯(Tod's)的老板迪亚戈·德拉·瓦莱(Diego della Valle)"大胆地重新定义了奢侈。相对于朴素、自信和霸道的奢侈,他提出了一个新的概念:舒适的奢华。于他而言,奢侈是质量、实用性和现代性的结合。他相当坚持现代性,这与时尚无关。他最不希望自己的鞋子过时"!

无论如何,如今的事实就是,奢侈与舒适似乎总是相得益彰的,以至于有人会说,法拉利不是一个奢侈品牌,因为它不是为了舒适而设计的!事实上,当我们研究过去20年来的奢侈品形象时,我们不得不承认,这些形象是明确围绕神秘叙事结构表达的,而舒适就像是这种神秘叙事结构的一个标志和概括。

20世纪90年代和21世纪最初10年最现代的奢侈时尚首先强烈地体现在对舒适性的要求上,并要求与服装建立一种类似融合的关系,从那时起,一些材料的发展,如粘胶的发展,就是对此的回应,因为"在这个神秘叙事的层面上,重要的不再是形式,而是材料,是实质",然后,在此基础上,运动装成为现今成衣和便衣霸权模式的代表。

相反,在那些似乎与服装的实用功能相去甚远的实验中也能看到神秘叙事的影响,甚至包括服装的主要功能:可穿戴。当然,这些都是许多时装设计师培育出来的各种突起、变形和假体,有时似乎指向母性,但这也是一种在概念艺术和服装反思之间摇摆不定的时尚。

从20世纪90年代初开始,大多数奢侈时装的形象几乎都是——占比往往超过80%——围绕合成叙事结构和夜间体系的神秘叙事结构组织起来的。之所以说合成叙事结构，是因为从那时起，时代、文化、类别（如果不是性别）的混淆、色彩的并置和最不调和的图案就成了时尚的特征。这体现在形象的每一个层面：在服装本身上，或是在模特身上，现在可以在T台上看到各种种族的模特和各种混血模特，抑或是在时尚照片中，最多样化的布景被重复有时甚至被并置。不过这种背景成了规范，最终不再完全具有意义，在这种背景下，神秘叙事结构出现了。重复、叠加、帷幔、褶皱、摇摆裙摆、粉彩、触感材料、垂顺、女性化、闪闪发光、丝滑绸缎、印花、刺绣，甚至蕾丝，都成倍增加，组合并勾勒出女性的形象，从传统的空气中的精灵或一组浪漫的人物，到极其多样的形象：令人不安的、无法确定的、前所未有的。

奢侈意象的神秘叙事结构对汽车行业的影响也是显而易见的。更确切地说，20世纪90年代和21世纪最初10年生产的所有汽车都是为了满足舒适性的要求。20世纪90年代初出现的单体宽敞型小汽车：克莱斯勒（Chrysler）航行者和随后的PT Cruiser、雷诺（Renault）Espace和随后风格略有不同的Vel Satis、雪铁龙遨游（Citroën Évasion）和大众夏朗（Volkswagen Sharan）等。它们将自己呈现为令人感到舒适的空间，就是很好的例证。此外，人们还生产出了舒适宜人并便于驾驶的中小型汽车，如雷诺Twingo、丰田（Toyota）Yaris、菲亚特（Fiat）Bravo、Brava和Punto、雪铁龙桑蒂雅（Xantia de Citroën）、新的大众高尔夫和波罗等。此外，与设计本身并不矛盾的是消费者对车内舒适度的要求越来越高，生产商在这方面的产品也越来越丰富：先进的电子设备和空调是这两个时代的标志。这种趋势并非没有影响豪华车，豪华车不仅追求性能或排场，还追求内部舒适性和驾驶舒适性，并在主流汽车中找到了流行的线条。无论是保时捷卡宴，还是梅赛德斯（Mercedes）A级，甚至法拉利，都未能摆脱这一发展。

更宽泛地说，各种文化潮流和习俗也有助于将奢侈的形象嵌入神秘叙事结构中。20世纪60年代的新纪元运动已成为一种全身心投入的生活方式，如佛陀酒吧的放松音乐、色光疗法、柔软且具有包覆性的设计、水疗和某种健康理念、水疗酒店、东方融合菜，所有这些社会现象都将奢侈的形象引向了神秘的世界，而某些术语如"融合"甚至可能就是后者的定义。除此以外，还有对生态的关注，通过对可持续发展的关注，也有力地提出了奢侈品特有的存在问题。因此，"宅家"成为我们对这些趋势的称呼也就不足为奇了。在时尚界和设计界有很多这样的趋势，它们通过回归住处来满足安全感的需要。

从融合到整合

如果我们持保留态度地把神秘叙事结构在当前的突出地位仅仅归因于英雄叙事结构和合成叙事结构的自发转换，因为二者都已饱和，那么无论如何，我们都可以在重大的社会和商业变革中找到它的起源。这一起源不仅伴随着供给的变化，也伴随着需求的增加，二者相互促进。

正如时尚本身就是被融合、混合和叠加的，从最广泛的意义上讲，它是所有风格的融合，其供给也是融合与混合的，但它混合的是阶级象征符号和成本。前者的例子不胜枚举。从卡尔·拉格斐在20世纪90年代初像城郊的男孩一样在项链和链子上挂上香奈儿的双C标志，到古驰（Gucci）的汤姆·福特（Tom Ford）或迪奥的约翰·加利亚诺（John Galliano）"呼应了街头对老式奢侈品的追捧"，许多高级时装设计师都从街头寻找灵感，扩大了始于60年代的一种现象（指街头大众对老式奢侈品的追捧），但现在却模糊了社会参照物（指奢侈品与普通商品之间的界限变得模糊）的影响范围。后者同样显而易见，一些时装公司已将其作为战略的基础。例如，H&M就声称：

"过去，廉价服装看起来很廉价。如今，差别几乎不可见，这正是我们想要证明的。我们永远不可能像香奈儿那样奢华，但奢华更多是一种感觉，而不是价格标签。"

从那时起，正品和仿品的概念变得相关联，一个路易威登（Louis Vuitton）手袋的正品或仿品不再有任何本质区别，甚至有一种装腔作势的人认为后者比前者看起来更时髦，只要有人承认这一点……

更广泛地说，这种款式和价格的混淆，如果不对奢侈品的概念本身质疑的话，其结果就会把人们的兴趣从物品本身转移到它所象征的意义上。有些人提出了"新奢侈"的概念，这即使不是奢侈品概念的丧失，至少也是它的衍生。人们购买奢侈品不再看重其本身，而是看重其所象征的意义。我们可以发现，这正是一些主要集团的战略，迄今为止一直行之有效，因为它满足了更广泛、更多样的受众的愿望。

因为奢侈品不再是高价的代名词，不再与特定的风格相对应，它的消费者也不再一定是有经济实力的人，或者是将自己的教育投射到奢侈品上的人。但是，它的受众将是寻找奢侈品象征意义的人：对权贵世界的归属、社会地位，或者更简单地说，社会认同。迷你珠宝的购买者，正是神秘叙事结构微观上的一个绝佳例证。现在，各大珠宝品牌都提供一些大多数人都能负担得起的珠宝首饰，这些购买者通过购买迷你珠宝进入奢侈品的世界，并进入与奢侈品相关的象征世界。此外，拉夫·劳伦（Ralph Lauren）的马球衫或宝马汽车的购买者通常来自少数族裔移民群体，他们通过自己的举动，要求融入自己苦苦寻求的社会。

更重要的是，奢侈品的世界扩张到某些消费群体时提供了最好的例证。这一消费群体在经济上和地理上曾被奢侈品世界排斥在外，不具备奢侈品文化，或者说不具备西方奢侈品文化。因为奢侈品植根于神秘叙事结构中，形成了各种风格的叠加同时也造成了成本的混淆，奢侈品在国外市场上找到了它的首选客户，也就是俄罗斯人、美国人、巴西人，这些新贵阶层和不那么富有的人缺乏"欧洲人的精致，对一切我们认为庸俗的东西趋之若鹜，如硕大的品牌标识、金色、水钻、吸引眼球的东西"。通过这种方式，他们表达了一种追求，一种对自我肯定及在经济和象征意义上新权力的追求。他们几乎不由自主地但又堪称典范地见证了这种"吸引眼球"的奢侈，似乎注定要在英雄叙事结构中展开，并通过并置和异质元素的扩散，最终在一种"神秘叙事"的融合中找到了自己的意义。

如此一来，神秘叙事结构的存在可以与一种市场营销战略联系起来。这种战略处于社会变革中，面临当代社会的新问题或奢侈品市场的国际化。除此以外，大型集团的建立，通过其集中性和管理层的互换性，促进并实现了这种国际化。

然而，这种存在也为当代社会，至少为西方社会的地下状态提供了一些信息。在商业世界中，奢侈品可以引发根本性的问题，而神秘叙事结构则具有强烈的社会学意义。从20世纪90年代初开始，奢侈的意象开始向夜间体系和神秘叙事结构倾斜，这并不是对此前10年英雄叙事意象的延伸，而是一种抗议，是一种断层和视角的改变。正如70年代的合成叙事结构与60年代的英雄叙事结构的关系一样。对于存在主义和社会性的焦虑，当不追求超越时，轻率地采取行动和冒险就是对这种焦虑的回应，随后通过退缩到自我和道德局限来委婉地表达这种焦虑。简而言之，大风过后，返璞归真。从更广泛的意义上来说，这些神秘叙事结构表达了投入黑夜与回归物质的亲密关系，但它们也表达了对欲望和美的不信任，对不再诱惑的渴望，以及明显的、一种巨大的存在困难。

*

如今，奢侈分为三大结构，它们相互并存而不相互排斥，也不相互渗透。不仅这三大结构本身十分重要，因为它们帮助我们理解奢侈的世界，而且，由于奢侈提出了一些基本问题，因此，除了美学功能，这些结构还具有社会学意义：奢侈品是一个很好的社会观察站。

尽管奢侈品并不总是依赖于品牌，但现在品牌已成为奢侈品概念的一部分。而且我们已经发现，其中一些品牌与这三种结构中的一种或另一种契合度有多高。事实上，这可能是它们与某一特定时期的主流结构相吻合而获得成功的原因。不过，一个品牌的形象并不仅仅是由其作品本身所展示的形象（如一件丝绸服装）和衍生的形象（这件服装的广告照片）来定义的。品牌的构成还包括其他元素，这些元素不再是简单的具象，它们还可以决定品牌的目的、方式和物质。因此，为了界定一个品牌，有必要考虑其历史和文化，以及其在商业领域中的地位，并作为必要的补充，将结构分析扩展到功能分析。

第二部分

奢侈，品牌与形象

第五章

品牌与它们的形象

尽管奢侈的意象随着时间的推移拥有不同的形式,而且现在已经变得多元化,但作为其表现形式的奢侈品品牌却具有高度的稳定性。这不仅表现在它们形成了鲜明的形象,还表现在它们在市场上几乎没有转变的可能。这正是帕特里克·马蒂厄关于品牌三重功能研究的重点所在,该研究受乔治·杜梅齐尔论文的启发。不过这里必须展开来讲并明确解释这一贡献。

乔治·杜梅齐尔的贡献

乔治·杜梅齐尔所定义的三重功能,以及在他之前的其他作家如柏拉图在《理想国》第四卷中提出的灵魂的三个部分(noûs 头、thumos 心、épithumia 食欲),都涉及三大主要物理原理:时空、能量和物质。这些原理被杜梅齐尔命名为君主功能、战争功能和生产功能，它们在印欧神话系统的三重功能中都有所体现，特别是在印度神话、伊朗神话、希腊和罗马神话、凯尔特神话和北欧神话中。乔治·杜梅齐尔在他的多部著作中经常强调，构建印欧社会的三重功能中的每一重功能都表现出反复出现的两重性。尽管他从未试图用科学的方法来解释这种两重性，但他确实对其进行了广泛的观察和记录，尤其是在君主功能和战争功能方面。他写道：

"第一重功能有两重性，即魔法型君主和法律型君主。与法律型君主相比，人们更尊重魔法型君主，因为魔法型君主会让人产生恐惧。"

因此，他让我们区分与权威、指挥和权力有关的"魔法型君主"（如宙斯、伐楼拿、奥丁），以及与宗教和社会组织有关的"法律型君主"（如赫拉、密特拉）。在第二重功能中，根据杜梅齐尔的说法，有两类战士相互区分：一类是"人间型战士"（如阿瑞斯、怖军），另一类是"宇宙型战士"（如雅典娜、赫菲斯托斯、阿周那、托尔）。

不过，乔治·杜梅齐尔对第三重功能，即生产功能的态度比较迟疑。或许他有时会发现第三重功能的两重性，最常见的是以双生的形式，但他并没有像前两重功能那样将其特征化。不过，他还是愿意赋予生产者不同的两面：一面是声称自己是拥有战士力量的生产者（如无种），另一面是声称拥有一部分智慧的生产者（如偕天）。在没有其特有名称的情况下，结合我们对市场经济，特别是奢侈品品牌的理解，我们提出将前者称为"诱惑型生产者"，将后者称为"重塑型生产者"。由杜梅齐尔三重功能的六种变体组成的这六种形象，我们按照惯例将其统称为三重功能的六种类型（或 TRIF）。

但我们还可以更精确地描述它们。杜梅齐尔有时会提出这样的观点，即每一个神话人物都具有这三重功能，这三重功能汇聚在一个统一的原则中。如果这三重功能要共存，它们显然只能在三重功能的第二个应用层面上，也就是内在层面上共存。这意味着，如果我们以一位男神或女神为例，他或她的人格主要拥有三重功能中的某一重功能，并在以下三个层面上体现：目的、方式和物质。

目的层面决定了他们主要是君主、战士还是生产者。方式层面涉及行动和改变事物的方式。物质层面考虑的则是结果，即生产的物质财富。因此，虽然雅典娜从根本上说是战士型（她是战争女神），但从方式层面来看她属于君主型（雅典娜的智慧），从物质层面来看她属于生产者型（她也是工匠和艺术家的女神）。

这样我们就得出一个组合矩阵，可以通过使用三重功能的首字母组成简单的三个字母缩写（S 君主，G 战士，P 生产者）来简化其名称。每个字母都反映了三个层面中的一个层面，即上文定义的六种情况中的每一种情况。如下图所示。

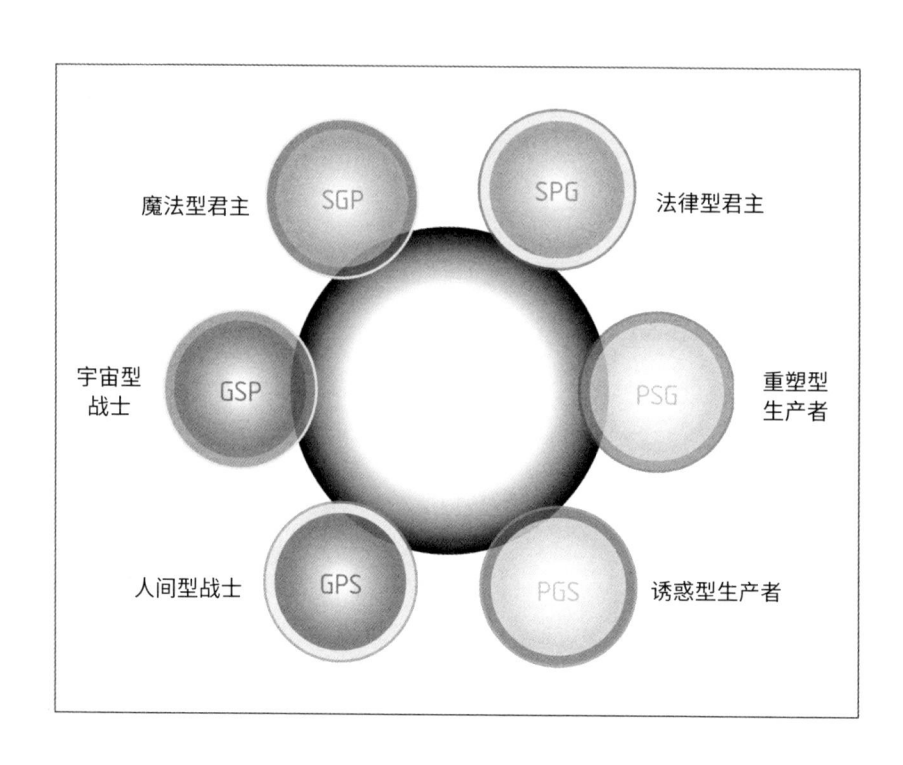

或许，印欧世界的许多神灵都可以用这种方式来描述。如果我们以希腊神话为例，我们会发现：魔法型君主（或SGP）以乌拉诺斯、宙斯、波塞冬和赫斯提亚的形象为代表；法律型君主（或SPG）以伟大的组织者赫拉的形象为代表；宇宙型战士（或GSP）以雅典娜、赫菲斯托斯和妮姬的形象为代表；人间型战士（或GPS）以阿瑞斯、赫尔墨斯、阿波罗、赫拉克勒斯和埃尼奥等众多英雄形象为代表；诱惑型生产者（或PGS）以阿佛洛狄忒、阿斯克勒庇俄斯、厄洛斯和宁芙的形象为代表；最后重塑型生产者（或PSG）以狄俄尼索斯、哈迪斯、德墨忒耳、珀耳塞福涅、波托斯、希米罗斯、俄普斯和克洛伊索斯的形象为代表。

而且，这六种类型对应着一个完整的词汇表。对神话文本和杜梅齐尔作品的解读表明，用于描述三重功能人物的词汇往往是相同的。

社会三重功能论的应用

如此一来，杜梅齐尔完备且精确的研究方法在应用于奢侈品品牌和公司时提供了丰富的经验。帕特里克·马蒂厄咨询公司是这些方法的开发者，该公司多年来进行的分析表明，每家公司、每个品牌都能根据六种身份类型中的一种进行定位。通过将品牌的历史身份与这些跨历史方面联系起来，我们揭示了品牌所体现的身份类型。这种联系激活了每个品牌都存在的可持续层面，并赋予其强大的力量。

一个品牌的三重功能类型在其整个历史中都不会改变，无论发生什么事件来影响它。只有重大解体（恶意收购与合并）或更名才能改变其三重功能类型。这一判断对某些企业管理者来说尤其使人震惊，至少他们经常会有这样的反应，因为这最初似乎限制了他们的手段及其决策的万能性。但事实是：一个品牌的三重功能类型总是由其创始人决定的。当然，随着时间的推移，它的内涵会越来越丰富，但不会改变，因为它建立了越来越强的连贯性，创建了企业文化，并树立了里程碑。一个具有高度一致性和整合性形象的品牌，其存活时间会更长。同样值得注意的是，尽管公司已经倒闭，但阿瑟·安德森会计公司（Arthur Andersen）（魔法型君主）的文化至今仍在安永会计师事务所（EY）、毕博咨询公司（Bearing Point）和其他一些大型咨询公司中流传。"阿瑟人"仍对自己的这一身份表示认同。

我们还发现，成熟的大型寡头垄断市场总是受这几种身份类型共存的支配。例如，在法国的移动电话市场上，Orange是魔法型君主，SFR是人间型战士，而Bouygues Telecom则是重塑型生产者。最新加入的Free是一位宇宙型战士［以其创始人格扎维埃·尼埃尔（Xavier Niel）的形象出现］，为这一体系增添了多样性。这种多样性表明，在一个供给产品类似的市场中，要建立可持续的平衡，就必须实现三重功能的互补，以提供最低限度的身份多样性。

另一方面，法国的奢侈品市场却存在着某种不平衡：LVMH集团通过收购拥有了大量奢侈品品牌，是一个看重社会地位的魔法型君主；开云集团（Kering）、香奈儿、爱马仕和历峰集团（Richemont）都是注重通过卓越工艺提升地位的人间型战士；但没有一个真正重要的生产者集团占据一席之地。生产者的"奢侈"愿景将会是什么呢？拥有让-保罗·高缇耶、莲娜丽姿（Nina Ricci）、卡罗琳·埃雷拉（Caroline Herrera）和帕科·拉巴纳等时装品牌的普伊格（Puig）集团或是欧莱雅（L'OREAL）集团等生产者集团是否有机会成为第三个大型奢侈品集团？某家亚洲企业能否脱颖而出，比如收购了索尼娅·里基尔（Sonia Rykiel）的利丰（Li & Fung）？可以看到，我们的思考方法是如何为企业家提供可能的发展方向的。

*

无论如何，我们都可以为所有奢侈品品牌确定其三重功能类型。在时尚界，这种做法尤为容易，因为品牌通常都相当尊重其创始人，保护创始人的精神，并对该精神中所蕴含的存在主义成分有比平均水平更强的认识。有几个例子就是完美的诠释。香奈儿是一位倡导女性解放的女性设计师的品牌，是典型的人间型战士。迪奥是女王的品牌，自称掌握着美丽与时尚的规则和准则，是典型的魔法型君主。伊夫·圣罗兰重新审视服装和性别规范，邀请我们发现并重新发现自我，是典型的重塑型生产者。乔治·阿玛尼是一位宇宙型战士。让娜·浪凡（Jeanne Lanvin）是一位卓越的女性设计师，是法律型君主。接下来各章将以众多品牌为基础，对这一特征进行阐述。

第六章

君主型品牌

关于君主型品牌，我们将首先谈论魔法型君主，然后是法律型君主。我们可以看到，这两种身份的区别在于第二级功能的不同，即第二层次和第三层次功能的不同。事实上，魔法型君主呈现的是战士的方式和生产者的物质，而法律型君主恰恰相反，呈现的是生产者的方式和战士的物质。

魔法型君主

魔法型君主（SGP）家族中的奢侈品品牌的特点是渴望摆脱时间的束缚，以期永恒地生存下去。它们认为自己具有深厚的创造力，并充分体现了这一功能。在这些品牌的深处，就像被施了魔法一样，它们感受到了一种普世的力量。通过这种方式，它们梦想超越时间，就像战胜了克洛诺斯的宙斯一样，而克洛诺斯本身则吞噬了自己的孩子，以阻止未来的到来。

2010年，迪奥这一品牌在其肌活蕴能系列抗皱面霜的广告中宣称，其50多岁的女演员"在今天比她20岁时更美"。同年，LVMH集团旗下的另一个品牌娇兰也宣传了御廷兰花系列的形象，并希望通过兰花的"不可思议的长寿秘密"让人们拥有"回到细胞昔日时光的力量"。这种对时间进程的颠倒，正是魔法型君主渴望永恒存在的特征。要保护自己的空间，就必须懂得如何从时间中解脱出来。而且，流逝的时间是自然的时间，克里斯汀·迪奥希望保护女性免受其害："我的梦想就是保护女性免受自然的侵害。"

• *君主的目的*

魔法型君主将声明这种身份的最高表现形式，并将其视为灵魂伟大的一种形式。克里斯汀·迪奥说："服装必须有灵魂。"他还补充道："高级定制时装是人类最后的庇护所之一。"因此，他们就觉得自己拥有比自己更伟大的真理，他们是真理的守护者，可以通过图像接触到真理，并对真理顶礼膜拜。克里斯汀·迪奥和蒂埃里·穆格勒这两位伟大的高级时装设计师，也是魔法型君主，同时提出了"最伟大的优雅是真理"的说法，这显然具有重要意义。

魔法型君主最关心的是领土问题。他们的抱负是创造一个具有全球统一视野的世界。他们喜欢把自己的世界管理得像一个帝国，让每件事物都有自己应有的位置。例如，法国奢侈品集团LVMH由贝尔纳·阿尔诺（Bernard Arnault）创立，而他本人也是一位魔法型君主。该集团声称要以权力下放的方式管理其品牌组合，将其全球帝国中的每一颗明珠［路易威登、娇兰、宝格丽（Bulgari）、酩悦·轩尼诗（Moët Hennessy）、赛琳（Céline）等］都视为家族企业。瑞克·欧文斯（Rick

Owens）则说，他为客户提供了一个与众不同的新世界："也许我的工作是为那些自以为不属于时尚界的人服务的。我对他们说，'欢迎来到我的另类世界'。"

他们与时间的关系是永恒的。他们希望掌握过去、现在与未来，以摆脱时间的束缚，从而摆脱死亡。这一理念与斯特凡·罗兰（Stéphane Rolland）对奢侈的概念不谋而合："奢侈就是有时间停下来，环顾四周，沉思冥想……"

- *战士的方式*

首先让我们重申一下，方式是指行动的方式。魔法型君主将传统与现代完美结合。他们发起了为未来做准备的伟大冒险，并在准备过程中将未来与过去相结合。正如克里斯汀·迪奥所言："一个款式既要延续传统，又要给人惊喜。作为一件服装，它尊重传统；作为一种装扮，它敢于放肆。它允许在传统中大胆创新。"创造力是与过去的决裂，也是迪奥品牌至今仍在坚持的价值观。

在他们的作品中，魔法型君主始终追求成为各自领域的标杆，并充分占据自己的一席之地。他们的标准非常高，在质量上从不妥协。

在路易威登创意过程的最后阶段，当新产品准备投放市场时，最终一个名为"手"的内部程序能以品牌整体一致性的名义不给任何理由就停止开发。这种在不失意义的前提下，设定极高标准的愿景是一个重要特征。我们在 LVMH 集团的另一个世界中也能发现它，如豪华游艇的世界。"自 1965 年第一艘 31 英尺[1]长的游艇下水以来，公主游艇（Princess Yachts）逐步满足了快艇巡航的新要求"，在其网站上，该品牌围绕完美展开了重要论述。豪华汽车也是一个追求卓越的行业。以雷克萨斯（Lexus）为例，其品牌口号就是"追求完美"，每位员工都

---

[1] 1 英尺 = 0.3048 米。

随身携带着自1987年以来规定的品牌承诺宣言：

"雷克萨斯将参加世界上最艰苦、最负盛名的汽车行业比赛。50多年的汽车制造经验使丰田公司能够开发出质量无与伦比的雷克萨斯车型。雷克萨斯将赢得比赛，因为：雷克萨斯从一开始就拥有制胜的法宝。雷克萨斯将得到业内最佳经销商网络的支持。每一位雷克萨斯客户都将被视为宾客。只要你想赢，你就能赢。成功的关键在于态度。我们想赢，我们能赢。"

- *生产者的物质*

魔法型君主每天都在创造安逸、美和财富，比如瑞克·欧文斯，他认为美是其创作的动力，"对美的追求就是我的缪斯女神"。他还补充道："我们都希望拥有魔法，而美则是最接近魔法的东西。"他们需要热爱自己的工作，才能表现出自己最好的一面，并与大家分享以获得共赢。斯特凡·罗兰也因此坚持认为所有设计师都必须真诚："你通过作品向女性展示的，就是你自己的反应。如果在创作中弄虚作假，人们就会感觉到。"我们也可以理解为什么法国伟大的高级时装设计师蒂埃里·穆格勒决定离开这个行业，因为他在服务他人和坚持自我之间失去了必要的平衡：

"我离开时尚界的原因是，我厌倦了总是跪在地上，让别人看起来美妙绝伦。我尽可能地用时尚来表达自己。但到了一定程度，这已经不够了。"

法律型君主

法律型君主控制时长，通过尊重超越自身的秩序来保护生命。他们接受"来自上天"的真理，并以此为指导，履行自己的使命。"了解自己在全局中的角色。我们都是一幅更大画卷的一部分"，雅诗兰黛(Estée Lauder)在其网站上如此提醒。他们的行为就像客观真理的热情传教士。因此，雅诗兰黛也在其网站上重申其原则："把最好的事物带给我们接触到的每一个人。"

法律型君主也是这一真理的热心捍卫者，他们首先以希腊女神赫拉的方式将这一要求应用于自身。高级时装设计师让娜·浪凡强调："人们必须警惕想象力。想象力必须首先有助于预见我们所想象事物的缺陷。"不过，为了确保这一真理得到充分传播，法律型君主制定了严格的规则和价值观。真理绝对且不容置疑的真实性增强了他们的坚韧，正如雅诗·兰黛所认同的那样："当我认为我无法坚持下去时，我强迫自己坚持下去。我的成功是建立在坚韧之上，而不是建立在运气之上的。"

- *君主的目的*

法律型君主有责任保护他们所负责的社会，在这一点上没有差别。"当雅诗·兰黛于1946年创立自己的公司时，她只提供四款产品，"该品牌的网站上如是说，"但她绝对确信：所有女性都可以变得美丽。60多年后的今天，这一简单的宣言已在美容市场上留下了印记。"正因如此，雅诗·兰黛始终坚持在其广告中描绘一种不仅理想，而且平易近人的美丽形象。她是第一个寻找能够启发所有女性的原型的人。

"在1962年，"我们继续读到，"她是第一个发明品牌缪斯原则的人。多年来，凯伦·格雷厄姆(Karen Graham)、威罗·贝伊(Willow Bay)、波莲娜·波域斯高娃(Paulina Porizkova)、莉雅·琦比德(Liya Kebede)，以及现在的伊丽莎白·赫莉(Elizabeth Hurley)、嘉露莲·梅菲(Carolyn Murphy)、希拉里·罗达(Hilary Rhoda)和格温妮斯·帕特洛(Gwyneth Paltrow)等明星模特都是其产品的代言人。"

法律型君主主要关注的是时间和时长的问题。他们考虑长远。"我希望与我交谈的所有女性不仅知道如何变得美丽，而且知道如何保持美丽。"雅诗·兰黛如是说。本着同样的精神，宝诗龙（Boucheron）很快就被誉为"时间的珠宝商"，因为它喜欢在任何可能的地方放置钟表。

此外，"长久"的概念很快与"代代相传"的概念相遇。瑞士著名钟表制造商百达翡丽（Patek Philippe）多年来一直将这一理念作为其广告宣传的指导原则："没有人能拥有百达翡丽，只不过为下一代保管而已。"这家在钟表鉴赏家中享有无与伦比的声望和声誉的制造商，确保百达翡丽精神体现在对 10 项价值观的尊重上，这 10 项价值观一直是并将继续对其后代来说是百达翡丽使命的精髓。其中有几项价值观与时间直接相关：传统、质量和工艺、传承。

质量使我们能够制造出经久耐用的产品，而传承则意味着日复一日地延续先辈的动作之美。此外，百达翡丽将独立作为其核心价值之一，这也与时间建立了联系：独立使百达翡丽能够走自己的路，并以长远的眼光掌握自己的命运。品牌根据自己设定的标准设计和制造自己的机芯，只生产在各方面都能体现其卓越理念的表款，这使独立成为持久和连续的保证。至于比利时设计师安·迪穆拉米斯特（Ann Demeulemeester），她很乐意承认这一点：

"我可能明天就死去，但我的品牌可以在没有我的情况下继续存在，因为我已经为未来做好了准备，并清点了我的世界。我有自己的小博物馆，里面有供我的助手们查阅的巨型档案，以便让他们更好地沉浸在我的词汇、我的规则、我的一切之中。"

因此，他们的作品风格并不受潮流的支配，而是以某种审慎的形式宣称永恒。潮流被视为一种与真实性背道而驰的矫揉造作。为了实现这一目标，该品牌进行了具体的研究。百达翡丽在其网站上的说明就是这一点的例证：

> "百达翡丽的设计超越各式潮流,却又不失时代性与美感。百达翡丽成功地塑造了一种审慎、永恒的风格,将个性与低调、优雅与卓越和谐地融为一体。"

同样地,豪利时(Oris)手表的精致设计也是基于"形式服从功能"的原则。我们还可以将让娜·浪凡兼具奢华与新古典主义的优雅风格与这种永恒性联系起来。而日本设计师山本耀司(Yohji Yamamoto)则更进一步,面对变幻无常的时尚,他将自己定位为其引领者:

> "时尚如风,当它吹向某个方向时,人们无法抵挡,因为这阵风实在太大了。但如果您想成为真正的自我,而您又对美、对自己或对您所处的社会心存疑虑,我会伸出援手,提供帮助。这就是我的角色。"

法律型君主相信与生命本质相关的基本真理。比如让娜·浪凡,这一品牌的建立基于女性气质,而女性气质正是女性的本质,必须得到充分保护:"女性就是要穿着具有绝对女性气质的服装。"他们对真实性有着与生俱来的敏锐感觉与强烈感情。"解决实际问题,而不是表面状况"是雅诗·兰黛的信条之一。梅赛德斯则毫不犹豫地在品牌广告中宣称:"要么最好,要么毫无意义。"因此,山本耀司成了日本工艺的保护者:

> "我可能是最后一个深信日本制造的设计师。因此,我的职责和愿望就是保护这些日本传统工艺。它们是由非常简朴的小型家庭作坊制作的,这些作坊正在努力寻找新的方式、新的客户和新的销售渠道,这样就可以不仅仅依靠和服了。"

他们声称自己的产品具有极高的品质,能够经受时间的考验,因为这种品质遵循既定的规则。百达翡丽制造商强调,其创始人"安托万·诺伯特·德·百达（Antoine Norbert de Patek）和让 - 阿德里安·翡丽（Jean-Adrien Philippe）只有一个抱负：设计、制造和组装世界上最好的手表"。在其网站上，该品牌指出，百达翡丽的印记是一个不断发展的标签，它将考虑技术的进步，并纳入所有有助于长期改善手表的功能性、可靠性和精准性的发展。

法律型君主还保护生命和多产。梅赛德斯的创始人卡尔·奔驰（Karl Benz）在谈及他作为汽车制造商的早期经历时曾这样打趣道："我的第一个客户是个疯子，第二个客户想死。"而如今，梅赛德斯品牌却成了安全和长寿的保证。雅诗·兰黛利用象征主义来提醒我们其品牌的这种普适性，该品牌的明星产品高级夜间修复精华液的广告就使用了一个 DNA 螺旋形状的巨大图像。此外，弗雷德里克·宝诗龙（Frédéric Boucheron）的座右铭也体现了这种时间观："我只为幸福的时刻鸣钟。"而宝诗龙品牌在其网站上提醒我们："宝诗龙品牌的一切都传达着一种与欢乐、幸福和庆祝生命相关的整体信息。"

法律型君主也是伟大的组织者。百达翡丽坚持一丝不苟地制作腕表：

> "无论是机械装置还是设计，全世界的爱好者都不会看错：每个生产阶段的要求，以及长达数月的制造和精加工，使得每一只百达翡丽腕表都是独一无二的珍品，令所有鉴赏家垂涎。"

我们也能在安·迪穆拉米斯特身上看到这种对无懈可击的管理的关注："我喜欢慢慢来，以确保我的工作每次都能很好地完成，并且井井有条。在起飞之前，你必须知道如何走路，我是一个非常严格和谨慎的人。"她承认："我是一个完美主义者，这要么是我最大的优点，要么是我最大的缺点。"

蓝色通常与法律型君主的时间维度联系在一起。这种颜色是贯穿这些品牌整体美学的一条主线。浪凡的名字就被用来为一种神秘的蓝色命名。蓝色是雅诗·兰黛的代表色。该品牌在其网站上解释道："产品包装对雅诗·兰黛而言极为重要，她为此花费了大量心血。正是她本人选择了品牌的标志性蓝色。"

- *生产者的方式*

虽然法律型君主有非常长远的眼光，但他们却将其安排在日常生活中。正因如此，豪利时提醒我们，其腕表"专为日常生活而设计"，而百达翡丽则展示了日常生活中的场景。他们给予儿童特殊的关爱和保护。有两个例子——让娜·浪凡和百达翡丽——很好地说明了这一点。浪凡的名字装饰在著名的母女形象上，即让娜·浪凡和她的女儿的形象，珍贵的琶音香水瓶将这一形象无限复制。让娜·浪凡的成功在很大程度上归功于她对其女儿的热情，女儿也是她的缪斯女神和心爱之人。这种热情是专一的、自私的、热烈的，而且常常是痛苦的。因为如果香奈儿是以自己的形象为女性着装，让娜却是为她的女儿设计服装：为儿童，随后是为年轻的女性，即使这些仙女中包括玛丽-布兰奇·德·波利尼亚克（Marie-Blanche de Polignac）伯爵夫人，整个巴黎上流社会的王后……

百达翡丽则宣扬一种父子之间通过腕表建立的非常紧密的联系。品牌本身也唤起了其现任领导者和他儿子之间的这种联系。其网站上写道：

"无论是机芯、表壳、技术、美学、各种功能的流畅运行，还是计时的精准度，百达翡丽的总裁蒂埃里·斯特恩及名誉总裁菲利普·斯特恩都亲自为百达翡丽印记中的所有承诺担保，这是一个卓越的品牌。"

因为这一原因，法律型君主非常关心他人，这一点尤其体现在对"关心"这一概念的高度重视上："始终关心一切。对每个人，无论其地位或头衔如何，都要表现出兴趣和尊重。"雅诗·兰黛的品牌口号更增添了一种触及最深刻人性的细致入微："关注细节，小事真的能带来改变。"因此，情感层面是他们持续关注的对象。

确实，山本耀司坚信面料所引起的情感，面料是服装的本质："面料就是一切。我常常对我的服装样板师说，你们只用听听面料的声音。它会告诉你们什么？等等，面料可能会告诉你们一些东西。"梅赛德斯汽车公司的现任总裁如此断言："我们售卖的是情感。"百达翡丽也确认了这一点，该品牌将情感作为其十大品牌价值的核心，并将其与价值、美学和服务理念联系在一起。

在今天的浪凡，自2000年起担任艺术总监的阿尔伯·艾尔巴茨（Alber Elbaz）也声称自己的工作建立在情感之上："我只用情感工作，而不是用头脑工作。从来没有什么时候我可以说，我这样做是因为这样的原因。"这也是法律型君主在一种和谐氛围中工作的原因，他们希望达成共识，并考虑集体利益。洞察力和团队合作的理念是雅诗·兰黛这一品牌所主张的价值观的一部分："以团队的形式行动。当我们团队合作时我们更强大。"安·迪穆拉米斯特对此深表赞同："我们不应该认为任何事都需要事必躬亲，力量往往来自各种才能的结合。"

某种浪漫色彩也是他们的特征。浪凡一直宣扬这一点。从让娜·浪凡那里就开始坚称"现代服装需要某种浪漫的品质"，"人们迫切需要为生活中的事物赋予浪漫的意义，即使是暗示的"，直到阿尔伯·艾尔巴茨也吐露心声：

"我认为我在浪凡是从浪漫主义和脆弱性开始的：这是浪凡品牌的DNA，始终如一。"

在疯狂年代，让娜·浪凡掌管着一个帝国，贵族、外国富豪和女演员们都争相购买她的裙装，这些裙装赋予了她们性感暧昧的体态。因为这种浪漫主义不是敏感天真的浪漫主义，而是黑暗且男性化的浪漫主义。独立、坚强的女性，如 20 世纪 20 年代流行的女男孩形象就是其代表形象。让娜·浪凡也是首位于 1926 年就尝试推出女式吸烟装的人……

法律型君主希望始终保持长期联系，以确保连续性。相互交流十分重要。无论是与员工还是与客户，缺乏交流都会危及双方的关系，必须避免。

对于安·迪穆拉米斯特而言，这种交流的需求甚至是她创作的源泉：

"对于我来说，在时尚领域工作是交流方式的一种，就像某些人写书或做音乐一样。通过做这份工作，我与女性接触。这就是我的起点。"

这种植根于生活和交流并以人性为中心的方式显然属于生产者的类型。

- ***战士的物质***

法律型君主非常重视活力。"对我们的工作充满热情！热情和活力是会传染的"是雅诗·兰黛的另一个品牌口号。这也是为什么"影响"可以成为该品牌价值之一的原因。这种能量通过微笑来表达："微笑……并玩得开心！"这种活力还是指相信自己的重要直觉以采取行动的能力："相信你的直觉。"

因此，他们总是希望走在时代的前沿。百达翡丽看似矛盾而又明确地描述了自己与创新的关系："百达翡丽忠实于最具活力的传统，始终身为创新的先锋，努力突破伟大制表艺术的极限。"他们日复一日地不断提高自己的标准，正如雅诗·兰黛所言："寻找新的和更好的方法，为了不断提高我们的水平。"她常常对她的销售人员说："我达到今天的成就，不是靠梦想或希望，而是靠勤奋工作。"她还补充说："我从未梦想过成功，我只是勤奋工作并成功了。"生命的更新是最重要的。法律型君主的创作可能会让其客户的生活发生翻天覆地的变化，以至于正如山本耀司所警告的那样：

"我会说得很极端，但如果你们选择了我的一件衣服，并与它一同生活，那么你们要小心了：你们可能会因此改变你们整个衣柜的衣服！"

*

针对这种将品牌归为君主功能的做法，我们有必要作出几点说明。我们注意到，在君主功能中找到其形象定位的品牌，无论是魔法型还是法律型，都是那些在其创作中及在这些创作的广告延伸中主要运用英雄叙事意象的品牌。不仅如此，我们还发现，正是因为这种意象适用于品牌的目的，这种英雄意象才决定了品牌君主功能类型的定位。换句话说，正是因为英雄叙事的形象代表了品牌的目的，品牌的形象才被定义为君主功能类型。以迪奥为例，该品牌的服装和香水形象围绕庄重和几何形象，象征着上升、光明和空气，让我们读出了一种追求绝对和掌控领地的目的。再比如，雅诗兰黛的广告意象导向理想化、明亮和透明，反映了该品牌的愿望，即植根于时间并保护其所负责的社区。

第七章

战士型品牌

对于战士型品牌,我们将其分为宇宙型战士和人间型战士。这两个分类的区别在于其第二层次功能组合的不同:宇宙型战士具有君主的方式和生产者的物质,而人间型战士则具有生产者的方式和君主的物质。

宇宙型战士

宇宙型战士(GSP)这一分类中的奢侈品牌寻求改变命运的走向。它们希望通过相信自己的直觉来改变世界,成为自己生活的执笔人,挺立,生存下去,并掌握自己的命运。

- *战士的目的*

宇宙型战士感受到自己的与众不同,对事物有独特的想法,并坚持自己的想法，正如缪西娅·普拉达（Miuccia Prada）在谈到自己年轻时的选择时回忆道："在 20 世纪 60 年代，我是一位女性主义者，你们能想象吗？我所能做的最糟糕的事情就是从事时尚行业。"劳力士的创始人汉斯·威尔斯多夫（Hans Wilsdorf）也回忆说，他也是在很小的时候就开始了自己的创业之路："我很快就获得了自信，在 1905 年，当我 24 岁的时候，我决定成立自己的公司，因为我觉得我的教育已经为我做好了独立的准备。"布什拉·雅拉尔（Bouchra Jarrar）也对自己的独立感到庆幸："独立是我刻在骨子里的天性。"她还补充道："我是一个自由的女人，这是我选择的！"乔治·阿玛尼则没有立即做出这样的选择，但他也承认与自己的过去出现了割裂："我做梦也没想到自己会成为一名时装设计师。"因此，他们都坚定了自己的自由意志。

正是这种强烈的内在意志使他们能够质疑既定的信仰、过去留下的沉重遗产、对整个制度的忠诚和虚假的限制。他们经常在原则上挑战过去，为了在未来能够做出自己的选择。他们在可能湮没他们的丰富历史中找到了正确的位置。罗斯柴尔德家族（Rothschild）的第七代是如何在保留家族核心价值观的同时，延续 250 年的精神，并为后代留下和他们所得到的同样多甚至更多的东西的呢？摆脱过去的负担，肯定自己的存在是一项基本原则。

这也是调香师赛尔日·芦丹氏（Serge Lutens）的人生哲学："我很少回望过去。"以至于他对自己以前的嗅觉创作毫无兴趣："如果您问我，我的香水具体是用哪些原料制成的，它们已经在我的身后，也就是说已经被遗忘。我对自己的过去毫无兴趣。这是既定事实。"

这种姿态往往与艰难的童年有关，即使它不是充分的原因。缪西娅·普拉达总是回忆说："我的父母相当严厉……我没有任何乐趣。我的家庭太严肃了。"乔治·阿玛尼也有类似的看法，他说自己没有一个快乐的童年。

因此，宇宙型战士体现了变革、割裂和新方向，这也是他们的权威和领导力的源泉。"敢为人先"就是成为做某事的第一人。缪西娅·普拉达自豪地说："我总是想与众不同。我总是想做第一。"汉斯·威尔斯多夫在劳力士品牌的创建上也是如此，劳力士成了众多"第一"只表：第一只横渡英吉利海峡的防水表、第一只登上珠穆朗玛峰的表、第一只在潜水器中创造深度纪录的表等。缪西娅·普拉达声称自己有与其他决裂的目标，如在男装方面："我想尝试为男装带来自由。"面对质疑者，她完全相信自己的意愿和基本的创意选择："人们有时会将其理解为出乎意料，而我的意图其实是通过引入被认为是普通或平凡的元素来颠覆奢侈品的概念。"至于赛尔日·芦丹氏，他完全轻视潮流这一概念，而更愿意专注于本质："时尚的浪潮只关乎那些会游泳的人。在我看来，我会很快沉入水底并带着你们一起沉沦。"然而，坠入深渊并非没有后果，这也促使乔治·阿玛尼意识到质疑或割裂是多么沉重的负担：

"要考虑的事情太多了：您的野心、您的自负、媒体、消费者。您永远无法确保自己会再次站在顶峰。"

缪西娅·普拉达对过于稳定的事物保持警惕，甚至故意挑起割裂："当您开始爱上您正在做的事情，并认为自己的作品美好或富丽时，您就处于危险之中了。"她继续说道："您总是需要和您过去做过的事情，甚至是您自己的喜好对着干。"她的原则即为改变："每天我都在思考改变。"一个简单的固定日期令人担忧："我认为，日期的概念太可怕了。太恐怖了。因为这样一来，一切都变得平庸且可预见。"

和她一样，布什拉·雅拉尔也意识到了这种不断的变化，并希望体现出一种与众不同的时尚理念：

"我有一种不顺应潮流的感觉，但我接受它。时尚变化的速度如此

> 之快，人们疯狂地追求即时利益……我想慢慢地介绍一件服装。我想强调质量，谈论技艺：总是提及手的概念。"

因此，宇宙型战士在风险管理方面积累了丰富的经验。他们的个性及提出的维度差异，实际上都预示着对后果的掌控。通过这种方式，他们学会了克服自己的恐惧。他们还培养了强烈的预见性。缪西娅·普拉达坚持认为，于她而言，"预见时尚的发展方向非常重要"。他们还形成了一种特殊的做事方式，一种以艰苦奋斗为特征的创业者精神。罗斯柴尔德家族纹章中的第三个价值观"工业"就是这种精神的象征。这种创业者精神得到了宇宙型战士的广泛拥护，正如日内瓦私人银行埃德蒙·德·罗斯柴尔德（Edmond de Rothschild）集团的价值观所证实的那样："对创业和创新的热情。"他们通过一种新颖的组合激发新意，正如缪西娅·普拉达所描述的那样：

> "我一直想做一些新的事情，使用一些我从未使用过或很长时间内都不喜欢的新面料。"

- ***君主的方式***

宇宙型战士是个人主义者，因为他们遵循一种非常强大的直觉。也正是如此，他们的方式，即行动的方式，是君主的方式。正如圆桌骑士一样，他们拥有各自的使命，每个人都朝着自己的方向出发。他们想要做到最好，正如汉斯·威尔斯多夫明确表示的那样："我们希望成为这一领域的第一，劳力士应被视为唯一的且真正的——最好的。"他还补充道："不是通过低价，恰恰相反，而是通过提高质量，我们不仅能够稳住市场，而且能够推动市场发展。"1953年的一则劳力士广告证实了这一点："从世界之巅到海洋最深处，劳力士证明了它的可靠性。"

宇宙型战士追求绝对、本质和他们的圣杯，并相信自己的直觉。缪西娅·普拉达坦言:"我学习的方式是通过眼睛看,这并不科学。"每一个细节都很重要,正如完美主义者乔治·阿玛尼强调的那样:"要创造出非凡的东西,您的精神必须始终专注于最微小的细节。"埃德蒙·德·罗斯柴尔德银行对细节的关注同样无处不在:家具、服务、器物、装饰、鲜花、舒适、美学、对人的关注等。

宇宙型战士将高度的警惕转化为一种智慧,这带领他们追求卓越,同时也保持一定的谦逊。

缪西娅·普拉达在谈及自己的家庭环境时幽默地说道:"我必须说,我的丈夫和孩子们都非常可靠,没有任何自命不凡的余地。"这也是为什么宇宙型战士更相信正直的人,而不是明星。乔治·阿玛尼在谈及牛仔裤和T恤衫这类大众服装时说:"牛仔裤代表着时尚中的民主","我一直认为T恤衫是时尚字母表中的阿尔法和欧米茄"。

他们的选择要考虑长远。他们希望以此来控制自己的长期发展轨迹。从过去到未来的长期文化对罗斯柴尔德家族而言是基本要素。埃德蒙·德·罗斯柴尔德银行网站宣扬独立和稳定。在时尚界,乔治·阿玛尼也将此作为自己的目标:"我喜欢历久弥新的东西——这些东西没有年龄限制,经得起时间考验,并成为绝对最佳的东西,它们是活生生的例子。"这也是一种忠于自我、忠于个人轨迹的连续性哲学:"要忠于自我和自己的哲学。在逆境中改变的话会降低在客户心目中的信誉。"不过在客户那里,这一要求从未被强调过。一切都蕴藏在低调的艺术中。埃德蒙·德·罗斯柴尔德所代表的私人银行家这一职业就是一个明显的例子。而在时尚界,乔治·阿玛尼也是代表人物,他的风格和个人行为都证明了这一点:

"我是一个旁观者。我喜欢倾听,而不是公开发表意见。这是我多年来一直坚持的立场。"

汉斯·威尔斯多夫则希望保护劳力士的未来及其独立性。在他的妻子去世后，他膝下无子，便将自己名下所有劳力士股份存入了汉斯·威尔斯多夫基金会。在他们双双去世 50 多年后，公司仍在继续运营，仿佛他们还在那里一样。他已成为"机械中的幽灵"。

因此，声称与过去决裂的宇宙型战士采用的是一种君主的行动方式。

• *生产者的物质*

宇宙型战士促进沟通、关系和交流。缪西娅·普拉达指出了时尚在这一过程中的参与程度和速度："你们的穿着就是你们向世界展示自己的方式，尤其是在人际关系如此迅速发展的今天，时尚就是一种即时语言。"具体结果的重要性也是乔治·阿玛尼所认同的：

"我为真实的人设计。我一直在为客户着想。设计不实用的服装或配饰没有任何好处。"

缪西娅·普拉达为这种与现实的联系增添了新的内容：

"我最感兴趣的是当一件艺术品不再仅仅是一件物品，而是触及了现实和生活［……］。于我而言，艺术意味着与人一起学习和生活。它是有生命的。"

她还表达了自己的伦理道德观：

"我想做漂亮的衣服，这是肯定的，但它们也要有趣、有智慧，不能不得体。"

与缪西娅·普拉达一样，布什拉·雅拉尔所追求的也是打造适合所有女性穿着的衣橱，远离奢侈：

"我设计的时装没有任何幻想。它以裤子的轮廓作为表现形式，而不是华丽的连衣裙。当然，我知道如何设计后者。但不……我不想让'我的'女性客户幻想，我想让她想象自己穿着我的服装。"

因此，宇宙型战士将金钱视为一种（凭努力获得的）结果，而非目标。于他们而言，精神高于金钱，这体现在罗斯柴尔德纹章三大价值中的最后一个："高尚"，它与职业道德和追求完美直接相关。盖伊·德·罗斯柴尔德（Guy de Rothschild）男爵也曾说过："如果把金钱本身视为目的，把金钱看得高于隔壁邻居，那就太愚蠢了。您的妻子也会同样欺骗您。"他解释说："赚钱并不意味着任何人都必须玷污自己的荣誉或良心。"

本杰明·德·罗斯柴尔德（Benjamin de Rothschild）男爵也从他的角度补充道：

"我们的首要职责始终如一。将客户的利益放在首位，全心全意为客户及其具体项目服务。"

当谈及他的波尔多葡萄酒庄园"克拉克城堡"时，忆及他想分享自己精神的意愿，他宣称：

"当我决定在梅多克中心地带重建一座大型庄园时，我的想法是敞开大门，让所有人都能发现我对葡萄酒的热情。"

宇宙型战士创造了一种生活艺术，一种共享富足的艺术。他们欣赏欢愉。同名银行集团创始人埃德蒙·德·罗斯柴尔德如是说：

"一个不富有、不是犹太人、不是慈善家、不是银行家、不勤劳、没有特定生活方式的罗斯柴尔德人不是罗斯柴尔德人。"

他们甚至允许自己有某种虚荣心，一种无端的、轻率的舍弃。缪西娅·普拉达声称自己有权享受这种轻浮，因为在她看来，这对身体有益：

"我们中的许多人从小就有一种反对购物的清教徒思想。但是，购物的意义远不是它显现的那样。如果您感到沮丧或遇到困难，做一些轻松而肤浅的事可以是一种舒缓神经的方式。为什么不去做呢？"

在这一点上，乔治·阿玛尼与她不谋而合：

"我相信，我的服装能给予人们更好的自我形象，并能增强他们的自信和幸福感。"

当然，他们也认识到这是有局限性的。

"我在设计时会问自己这意味着什么。"缪西娅·普拉达解释道："我想到那些处境糟糕的人。或许他们是伤心的，当他们早晨起床时，或许穿上一件我设计的衣服会使他们心情好一点。从这个意义上说，时尚可以在生活上帮助一个人，但只是一点点。"

意识到这一现象后，她习惯性地选择将其作为她个人创作过程的一部分：

"今天，我并不会说我很时尚，但有一些社会学元素对我而言很重要，它们是理论性的、政治性的、知识性的，同时也与虚荣心和美相关，我们每个人都在思考这些问题，但我试图将其混合并转化为时尚。"

最后，这些宇宙型战士的手段是敢于与过去决裂。他们的愿景体现了自己的信念，将为他人树立学习的榜样。这显然是汉斯·威尔斯多夫对劳力士的要求：

"劳力士蚝式恒动型腕表的成功，促使其他制造商纷纷效仿，制造防水自动表，其结果是数百万块此类手表出口到了世界各地。"

总之，生产者的物质首先是物品本身所带来的愉悦，无论这种愉悦是轻浮的还是感官的。

人间型战士

人间型战士（GPS）追求的是将他们引入非物质世界的荣耀。他们努力超越物质限制以求提升。奢侈品行业的那些人都希望在有生之年达到最高境界。如果非要引用一句话来说明他们的观点，那就让我们引用可可·香奈儿的一句话："奢侈不是贫穷的对立面，而是庸俗的对立面。"她的话是指从无形的物质中脱离出来。

- *战士的目的*

人间型战士希望通过发明创造来取得进步，通过与之前存在的事物抗衡来证明自己的与众不同，因此他们要直面过去，以证明自己有能力走向未来。在香奈儿工作时期的卡尔·拉格斐明确肯定了这一点，他说：

"不与他人一样是必要的，也是自然的。"他深知"只有自己才拥有自己的真理"。埃托雷·布加迪（Ettore Bugatti）证实了这一点："已经被发明的属于过去，只有创新才值得关注。"皮尔·卡丹（Pierre Cardin）也以另一种方式将这种必要性视为自己的幸运："我是幸运的，我属于战后这样一个一切都需要重新开始的时代。"也正因如此，他们质疑传统。正如恩佐·法拉利所言，"客户并不总是对的"，这意味着客户往往过多地与他们过去的价值观联系在一起。这种对立的运作模式基于几代人的交锋，就像蓄电池一样产生创造的能量，使品牌在其命运中跃升。

因此，人间型战士以挑战的方式生活，不断努力超越自我的极限，以敢为人先的胆识开辟新的疆域。嘉柏丽尔·香奈儿（Gabrielle Chanel）证实，她做事从不半途而废。葆蝶家（Bottega Veneta）的汤马斯·麦耶（Tomas Maier）说："每个系列都是一次前进。"沃利（Wally）豪华游艇宣扬超越极限。沃利的网站上这样写道："这种以激情为主导的方法创建了一个社区，顶级水手、船主和沃利团队聚在一起，不断挑战海上乐趣的极限，为客户创造无与伦比的体验"，"沃利的创始人兼董事长卢卡·巴萨尼·安蒂瓦里（Luca Bassani Antivari）从事航海事业已有40年。自1991年他为自己的家庭设计了第一艘游艇以来，他为游艇业带来了一场革命。他于1994年创立了沃利，以满足其他经验丰富但不满足现状的游艇爱好者的需求。在卢卡的领导下，沃利不断创新"。在汽车行业，费迪南德·保时捷（Ferdinand Porsche）强调说："如果我们没有失败的时刻，那是因为我们从未挑战过自己。"而约翰·D.洛克菲勒（John D. Rockefeller）在挑战之外又增加了挑战："不要害怕为了伟大而放弃美好。"他指的是对荣耀的追求，我们终将获得荣耀。

人间型战士充满活力、敢闯敢干、富有创意，正如历峰集团一样，其价值观中就包含了创造力和创业者精神。在研究过所有可能性之后，他们会找到最佳解决方案。这也是被葆蝶家的设计师汤马斯·麦耶所认定的：

"没有什么是不可能的。无论有什么想法，我们总是努力去实现它。有时因为技术层面不可能而无法实现，但你总能在制造、内部、重量等方面做得更好、更现代。"

埃托雷·布加迪还是一位多产的发明家，他注册了一千多项专利，其中包括第一台四缸十六气门发动机和第一辆四轮驱动汽车。

他们还拒绝一切形式的束缚，力求不断超越自我。香奈儿小姐一直希望成为女性解放者。在邀请她们做运动、体操和锻炼之后，她可以理直气壮地说，她"把自由还给了女性的身体"。

香奈儿小姐甚至以极端悖论的方式指出，即使身体静止时它也是运动的。时间更近一些的汤姆·福特一直在为占主导地位的女性和性的胜利而奔走呼号：

"我喜欢强势的女性，作为设计师，我的首要目标之一就是赋予她们力量与自信。我从不喜欢那些脆弱的小东西，我会继续为那些不怕被关注的女性设计大胆的形象。"

维维安·韦斯特伍德（Vivienne Westwood）对服装解放女性的看法也是如此："如果我们穿上令人印象深刻的服装，我们的生活会更有意思。"

人间型战士有一种非常强大的能量，这种能量来自两极的对抗，一极是审慎的，另一极是大胆的。这种对抗能产生强大且瞬间的力量。审慎的一极通常是既定的秩序、传统的立场、权势集团和过去。大胆的一极是年轻、创造力，是思想更为开放的挑战者，将带来新的想法。这种紧张关系尤其体现在父母与青少年之间的代际传承上。重要的不是让这两种立场突然对立，而是要产生一种对双方都有利的动态抗衡：因此，大量的能量能瞬间聚集，一旦它被引导，就能实现非凡的效果。

在时尚界，一个很好的例子是多梅尼科·德·索莱（Domenico de Sole）和汤姆·福特组成的双人组合，他们在20世纪90年代末大力重振了古驰品牌。这两极是"竞合"的关系：既竞争又合作［这是美国学者纳勒布夫（Nalebuff）和布兰登伯格（Brandenburger）提出的概念］。我们在其他一些品牌中也能发现这种动态，它们同时提供两种方式：一种是经典的，另一种是不太传统的。爱马仕品牌和帕斯卡莱·缪萨尔（Pascale Mussard）开发的非典型"小h"系列就属于这种情况。这位女士在爱马仕成立了一个部门，专门制作"不易辨识的诗意物件"，提供"一种处理边角料的艺术"，为最好的材料带来新的冒险，然后将其再利用并精美呈现。

不过在爱马仕内部的系列上，这种角色是由艺术家们承担的。该品牌的历史与艺术史息息相关。从罗伯特·德劳内（Robert Delaunay）到达尼埃尔·比朗（Daniel Buren），革新的艺术家们为爱马仕产品的线条和色彩提供了灵感。在爱马仕的工厂里，一些年轻的艺术家在前辈的挑选和指导下与工匠们合作。这些前辈艺术家包括吉塞普·佩诺内（Giuseppe Penone）、理查德·迪肯（Richard Deacon）、苏珊娜·弗里舍尔（Susanna Fritscher）和埃马纽埃尔·索尼耶（Emmanuel Saulnier）。"每个人都成长了。他们的想象力因技术上的成就而变得更加敏锐。而这种作用是相互的。这是一场永不枯竭的对话。"将工艺的娴熟与艺术的自由相结合，并将两种能量回路连接起来，这就是品牌的艺术总监皮埃尔-亚历克西斯·杜马（Pierre-Alexis Dumas）的使命。

人间型战士具有努力和坚韧的精神，是激烈的竞争者。他们知道如何面对风险，尤其是失败的风险。可可·香奈儿曾说过："成功往往是被那些不知失败不可避免的人所获得的。"以他们的行事方式，他们可能被引导至以一种黑色幽默的形式，甚至是挑衅的形式来诠释这种活力。鳄鱼（Lacoste）通过其"非常规时尚"的广告宣传证实了这种不和谐，展示了经典时尚与运动装之间的混搭风。葆蝶家的汤马斯·麦耶也肯定了这种希望带来另类风格的愿望，他说："麦耶的女人不是不懂玩乐的女人。我的女人不是一个毫无生气的女人。我喜欢服装暗示某些东西。"不过黑色幽默和挑衅的大师依然是卡尔·拉格斐："奢侈就是精神自由、独立，简而言之，就是政治不正确。"而这样做的佼佼者则是可可·香奈儿："时尚，是处于自杀边缘的事情。"他们是现代性的伟大行动者：

"没有人走得像玛德莱娜·维奥内（Madeleine Vionnet）那样远。她有使用布料的天赋，并发明了斜裁，为两次世界大战之间的女性塑造出了柔美的身形。自此，服装可以不用博瓦莱的1900种配饰和装饰图案。剪裁才是最重要的，其他一切都变得多余。由此开始了伟大的高级时装设计师们盛行的时期。在她们中间，香奈儿小姐脱颖而出，占绝对优势，她以不会拿针而自豪。但她拥有自己的风格与优雅，以及人格和品位的极大权威性。出于各种原因，她和玛德莱娜·维奥内可被视为现代时尚的开创者。"

- **生产者的方式**

人间型战士使文化成为根本的沃土。皮埃尔-亚历克西斯·杜马是让-路易·杜马（Jean-Louis Dumas）之子，也是品牌的艺术总监，他回忆起自己的童年时说："在我很小的时候，我与我母亲情感相通。无论是在希腊村庄的刺绣女工面前，还是在19世纪的陶瓷器面前。时至今日，每当我去到一个外国城市，我都会去参观那里的考古博物馆，在那些博物馆里实用器具与崇拜物品混合陈列，没有等级之分。"11岁时，皮埃尔-亚历克西斯·杜马选择每周三去设计室学习缝纫，在工长的密切注视下坚持了3年。"我最终从他们那里学到，手是智慧的。虽然文字创造了思想和图像，但手带来了答案。"由此他揭示了手的重要作用，它是工艺的核心："我越来越意识到，我们所保护的工艺行业蕴含着何等深度。"因此，爱马仕的形象是由无数的参考因素和物品组成的。它是一种语言、一种词汇、一种历史、一些行业、一些做法、一些工艺、一些物品、一些形状、一些个人及他们之间的互动，无论这些人是爱马仕的员工、供应商还是客户，在某些情况下，甚至传承几代人。这一切传承构成了一个整体。

皮埃尔-亚历克西斯·杜马还明确规定了一件物品获得品质并使之成为爱马仕的产品的条件——我们称之为"方式"。没有一件物品是不经过某人的仔细审视的，这种审视因其工作而更加锐利。此人即被杜马视为导师之一的保罗·克利。"身为艺术总监，我的首要考虑是形式应该产生意义，应该成为语言。"爱马仕的创意链涉及各方面的人才，从造型和设计到对形式的研究，再到材料和工艺造成的物理机械限制的改造，所有这些都让您获得带有爱马仕标志的成品。

在他们的工作中，人间型战士梦想一种完美契合的动态。因而服装设计师们的工作就是在微妙而亲密的对话中，为动态的人体调整服装。葆蝶家的汤马斯·麦耶如此形容："大多数事情都是在试衣时发生的。在制作服装时，试衣是决定性的时刻。"他还喜欢回忆在巴黎高级时装公会学习时的一段经历，这段经历一直影响着他的设计：

"我曾参加过一场圣罗兰的时装秀。每个人都在谈论衣服的合身度有多惊艳，而我则尤其被那一件裙装迷得神魂颠倒。它只是一块布料，但当模特走动时，你不知道她是如何穿上它的，也不知道它是如何收拢的、缝线在哪里，而这于我而言就是完美的。这个印象伴随着我的一生。这也是我制作无缝线包袋的原因。"

时装设计师们追求的是流畅、柔软和惬意。在鳄鱼，人们推崇的是一种自然的绝对惬意，一种放松且不费力的优雅。谈及玛德莱娜·维奥内，塞西尔·比顿（Cecil Beaton）肯定地说："她的作品既能塑造身体曲线，又有柔美的褶皱，身着由她设计的服装的女性就像活的雕塑一般。"而阿瑟丁·阿拉亚则肯定地说："玛德莱娜·维奥内是我真正崇拜的人，她在她所处的时代就已拥有了现代性。她有很多天才之笔——她的剪裁思想、她设计的服装的褶裥、她设计的服装的柔软度和垂坠感影响了现在的许多设计师。"这些设计师中的约翰·加利亚诺、三宅一生（Issey Miyake）、山本耀司、奥利维尔·泰斯金斯（Olivier Theyskens）和侯赛因·卡拉扬（Hussein Chalayan）都曾借机向她致敬。

因此，作为生产者，人间型战士一方面强调获取的经验，另一方面则强调在世界上存在的质量。

- *君主的物质*

人间型战士懂得如何不疾不徐地达到超越时间的境界。人们可以在他们的作品中看到这种境界。2012年对于爱马仕品牌而言是以"时间"为主题的，在品牌的所有宣传中都自豪地体现了这一概念："爱马仕，时间之礼。"皮埃尔 - 亚历克西斯·杜马明确地声明了这一点："今天，人们与时间为敌，否认时间的流逝，否认时间的持续。然而，否定时间就是否定我们自己的人性。这是忘记了时间是一切创造的同谋。"在谈及暂停时间腕表的创作时，他补充道：

"我们所处的社会是一个充满紧迫感的社会，它使我们无法享受当下。在爱马仕，我们希望想象另一种与时间的关系，这种关系不是定量的，而是定性的。不是多少，而是如何。时间的质量是爱马仕所选择的时间性，我们特别通过新款暂停时间腕表来表达它。这款高度复杂的时计能够隐藏时间，并从表盘上抹去时间，而不会妨碍其内部计时机制的运作。这款专为爱马仕开发的全新复杂功能腕表堪称世界首创。"

汤马斯·麦耶在葆蝶家工作，却在爱马仕受训，这段有关时间的经历在他身上留下了烙印，而他也将其转换为自己的配方：激情与耐心。换句话说，他知道一切都需要时间。然而，卡尔·拉格斐则声称自己与时间有着某种特殊的关系。为了与时俱进，他将过去清空："我既无怨恨也无遗憾。我对过去失忆了。"他还从一切存在的事物中汲取养分："掌握所有流派的动态十分重要。我想知道所有，了解一切。"他在瞬间的创作具有永恒的价值："我喜欢稍纵即逝的事物，因为只有这是唯一持久的。"因此，这使我们能够摆脱世代循环：

"我不想成为哪一代人的父亲或哪一代人的祖父……我不属于任何一个世代。我属于世世代代。"

拥有了这种与时间的特殊关系，人间型战士就能专注于产品近乎完美的品质。在香奈儿品牌内部流传着一句名言："反面和正面一样好。"这提醒我们品质的重要性，即使它是无形的。可可·香奈儿本人也指出，没有什么比一条小黑裙更难制作，她还在香水方面提及完美的理念，因为"在人类所有的感官中，最完美的是嗅觉"。它们的生产因其收尾工作而成为典范。埃托雷·布加迪强调："如果没有完美执行，设计就一无是处。"它们也是耐用性的典范，爱马仕品牌的声誉就证明了这一点。在葆蝶家的产品上也可以看到物品"积极"老化的重要性，汤马斯确信：

"女人不会每年冬天都买一件新大衣。潮流和用后即弃不在讨论范围内。一件产品不应该背叛你。一双鞋应该能穿很久…… 一只六年前的凹凸不平的包袋比这一季的包袋要好得多，因为它已经有了一层因年久而生成的色泽。"

这些设计师追求荣耀，并喜欢与他人共享荣耀。皮尔·卡丹与自己名字的关系在这方面堪称典范，他的名字已成为一个世界品牌："我有一个名字，我必须充分利用它。"他对知名度会产生负面影响这一事实提出异议，并指出，恰恰相反，知名度使他名留青史："唯一至今仍有生命力且仍被人们谈论的就是皮尔·卡丹。"皮尔·卡丹的名字超越了他本人，成了永恒："我的名字比我自己更重要。"

他们喜欢使人幻想。"没有什么是过于美好的，也没有什么是过于昂贵的，"埃托雷·布加迪如是说。费迪南德·保时捷则肯定地说："还没有人已经制造出我的梦中情车，所以必须由我来制造它。"2012年，卡地亚斥巨资拍摄了广告片《卡地亚的奥德赛》（*L'Odyssée de Cartier*），并举办了品牌的大型国际性展览。惊艳的香奈儿高级定制时装秀，其目的也是激活梦想。

他们的风格通过一些特征得以被辨识，这些特征逐渐成为这些品牌的贵族纹章。比如香奈儿的双C标志、粗花呢和千鸟格纹案、黑白配色，卡地亚的红色，葆蝶家的皮革编织，博柏利的格子呢，古驰的红绿配色，万宝龙的星形图案，法拉利的红色和运动风的形状等。荣耀的果实在其有生之年成为永恒，并成为所有人的榜样。

也正因如此，费迪南德·保时捷选择的徽标是一匹直立的骏马，代表符腾堡家族的盾形纹章，在它中间是品牌所在地斯图加特市的盾形纹章。法拉利品牌也是如此，它与保时捷一样都有骏马图案。法拉利标识的黄色背景代表摩德纳市的颜色，而直立的骏马则代表恩佐·法拉利的一位友人带回的战利品。这位友人曾作为战斗机飞行员击落过一架德国飞机，飞机上印有斯图加特市的纹章，即著名的直立骏马。香奈儿女士以风格的名义解释了她的选择，她反对荒谬和怪诞："我不喜欢荒谬。"她坚持认为风格可以避免不必要的风险。

"我认为，如果我们偏离了自己的风格，就必须不断地重新开始。

"[……] 很不幸，这就是事实。我们有一些设计师，而且是非常优秀的设计师，但他们每周都在改变时尚。这就是为什么我创造了属于自己的风格，否则我将无法应对。如果要我每周都发明新的东西，那是不可能的！这样我们最终只会发明出非常丑陋的东西。"

人间型战士的终极目标是上升，是非物质的、无形的、精神的上升。爱马仕物品的创造，凭借手、工匠的技艺和材料的卓越品质，彰显了这种承载精神的能力，而这种精神将随着时间的流逝而显现出来。葆蝶家是这一极致追求的又一典范。该品牌 2010 年春季时装秀的压轴戏可以被描述如下：

"三件裙装从 T 台上飘然而至，被笼罩在一片色彩斑斓的云中，它是如此明亮，似乎能吸收室内所有的光线。这种面料是人类已知最轻的面料之一，事实上，它是如此之薄，以至于只能用激光切割。如果我们撇开科学不谈，正是这些裙装的半透明之美引来了观众的一阵欢呼。"

从面料的无限微妙到隐形，只有一步之遥，因为自汤马斯·麦耶执掌葆蝶家以来，一直践行着品牌最初朴实的座右铭，既"当首字母缩写说明一切"。他希望尽可能地保持隐形。他将"虚无"的概念与追求完美的意愿联系起来，并对这样的做法进行了解释：

"努力实现某种虚无的境界是有趣的 [……]。追求完美是有趣的，而虚无是完美的。[……] 我的意思是，服装越美好，人们看到的就越少。"

还有许多属于人间型战士类型的品牌也见证了这种向非物质的演

变。皮尔·卡丹就曾经说过:"我们现在为男人和女人脱衣服,我们不再为他们穿衣服。"或者再往前追溯,玛德莱娜·维奥内的隐形缝线连衣裙闻名遐迩,而阿瑟丁·阿拉亚则能抽离"这件1935年的象牙色摩洛哥绉纱杰作,其灵感来自古希腊的褶裥,人们看不到它的缝线"。最后,卡尔·拉格斐的这句幽默话语提及了上升,即使是以文字游戏的形式:"时尚既不属于精神层面,也不属于非精神层面,但它存在的意义就是提升精神状态。"

*

如果我们已经注意到,一个品牌君主功能类型的形象仅仅来自创作的英雄叙事意象,那么现在可以发现战士功能类型的形象同时来自合成叙事意象与英雄叙事意象这两者。英雄叙事意象在代表品牌的目的时决定了其君主功能类型的形象,与此类似,合成叙事意象在代表同样的目的时决定了其战士功能类型的形象,而无论是宇宙型还是人间型。不过英雄叙事意象也在战士功能类型的形象中发挥作用,当它代表君主的方式或君主的物质时,就会对这一形象的宇宙型变体或人间型变体产生影响。

因此,我们可以对比香奈儿与皮尔·卡丹,二者都建立了自己的战士功能类型的形象,但其建立的方式并不相同。香奈儿的合成叙事意象围绕对立面的和谐以及与历史和进步的关系,代表着品牌的目的:直面过去以彰显其迈向未来的能力。相反,皮尔·卡丹则通过原则性的宣言和认为一切必须重做的坚定意愿来定义这种战士的目的,将品牌置于现代和未来。而作为其创作标志的英雄叙事意象,则代表并定义了一种君主的物质,它超越时间、追求荣耀并在几何形态的完美中耗尽。

第八章
生产者型品牌

在生产者型品牌的范畴，我们将其分为诱惑型生产者和重塑型生产者。如前文所述，这两者的区别在于其第二层次功能组合的不同：它们的方式及物质以战士的和君主的进行交替组合。

诱惑型生产者

属于诱惑型生产者（PGS）分类的奢侈品品牌力求让所有生命活在当下，用永恒的瞬间来避免死亡，在这一瞬间我们完全绽放自我。它们甚至能让我们在一生中体验几种不同的人生，正如拉夫·劳伦明确表达的：

"我一直认为，我们可以通过自己的服装风格及旅行，或是仅仅通过自己的想象力，过上几种不同的人生。世界向我们敞开了大门，每一天都是一个重塑自我的机会。"

因而这些品牌能通过当下时刻释放出一种完整与永恒的感觉。

- *生产者的目的*

这些诱惑型生产者指向人体，它是体验当下和生命的载体。意大利高级时装设计师詹尼·范思哲对此毫不讳言："我喜欢身体。我喜欢设计一切与身体相关的东西。"而裸体是拥有潜能的身体，是一个起点，正如索尼娅·里基尔所解释的那样：

> "要奢侈地裸露。在镜子前裸体走动是困难的，而穿上衣服就容易多了。但如果您能轻松地在您的男人面前裸体走动，如果您能奢侈地裸露，那么您就成功了。"

因而他们注重感官、性感和诱惑。

是对一个人的爱让我们看到了其全部潜能，并希望将这种潜能展现出来。从潜能到充分的表达，诱惑型生产者在自然与人工之间开辟了一条道路，这种"近乎自然"的道路将有节制地通往虚构。因此，卡尔文·克莱恩（Calvin Klein）一上来就表达了他对女性的爱与尊重："我喜欢女性。我试图与她们一起创造美好的事物。我并不想要冒犯她们。"随后，他强调了女性的重要性："如果您真的爱一个人，关心她，您就能克服许多困难。"他还强调了爱给他人带来的承诺："如果您不关心恨您或对您有所不满的人，那么从某种意义上说，你就会更关心爱您的人。"

针对他的美妆职业，他总结道："看上去自然是最好的，但需要化妆才能看上去自然。"因此，他重视化妆，并承认女性有权按照自己的意愿行事:"我坚定地认为一位成年女性有权决定自己的生活和自己的身体。"不过另一方面,他反对整容并认为整容是荒谬的。一部分的人工手段可以被使用,其目的是提供表达潜能的必要手段。

维克托与罗尔夫(Viktor&Rolf)是荷兰的时装双人组,他们将自己的高级定制视为一种方式,能揭示一个人的本质并创造一个世界:

> "我们认为,高级定制时装是一个实验场地。它是一个实验室,在这里没有任何商业或其他方面的限制。我们有一个非常明显的标志,它永远不会是单一层面的。我们将时尚视为一种光环的创造,而这种创造已超越了服装本身。"

同样地,詹尼·范思哲也宣称:"我有点像马可·波罗(Marco Polo),我旅行并混合各种文化。"在这种寻找潜能的过程中,诱惑型生产者首先培养的是他们自身的潜能。詹尼·范思哲回忆道:"我的梦想一直是成为一名作曲家,但时尚很轻易地找到了我。"

而于贝尔·德·纪梵希(Hubert de Givenchy)则提醒我们友谊的重要性,并认为它丰富了我们的生活:

> "我人生中有两大殊荣:与两位才华横溢的人成为朋友,一位是克里斯托巴尔·巴伦西亚加(Cristobal Balenciaga),另一位是奥黛丽·赫本(Audrey Hepburn)。他们每一位都给予了我非凡的东西,直到今天这些都是我的一部分。"

对于纪梵希的继任者里卡多·提西(Riccardo Tisci)而言,家庭才是最重要的。也正是家庭给他带来了许多,并使他成为他自己:

> "我必须诚实地说:我最大的力量,也是我真正相信的力量,是我

的家庭。于我而言，家庭不仅仅意味着 DNA 元素。我说的家人是指我的姐妹。我的母亲和姐妹是我人生中的动力和灵感源泉。"

诱惑型生产者邀请每个人去做自己并充分地表达真正的自己。他们将自我认识和潜能作为获得结果的关键。对于弗兰克·索贝尔（Franck Sorbier）而言，没有创造就不可能活下去：

"高级定制时装是一个与众不同的世界，在这里任何事情都有可能发生。对于没有经历过的人来说，有一种难以形容的魔力。最重要的是，它是我的表达方式，是我活着的理由，是我的食物。"

拉夫·劳伦补充道：

"个人风格是自信的体现。有自己的风格意味着知道什么适合自己，这也是一种表达自我的方式。我欣赏那些有主见且坚持自己个性的人。当人们拥有自信时，我想这是能被看出来的。紧跟时尚潮流比找到自己的风格要容易得多。"

这位美国时装设计师也强调了下面一点：

"您可以自由选择最适合您的造型、您所属的世界及您对它的感觉。最重要的是，不要害怕拥有属于自己的造型，成为您想成为的样子，成为您想成为的任何样子。"

诱惑型生产者与时间的关系以当下为中心。名士表（Baume & Mercier）通过"与家人和朋友共享的欢乐时刻，或找回自我的简单愉悦"来宣扬这一点，其目的是用记忆的印记来定格生命中的一些珍贵时刻。它的广告语证实了其重要性："生命在于瞬间。"名士表的首席执行官阿兰·齐默尔曼（Alain Zimmermann）对此作出了说明："一个在特殊时刻必不可少的伴侣，如生日、第一份工作、团聚等，这些时刻能让任何文化背景和身处任何大洲的人心脏跳动到最快。"

诱惑型生产者专注于当下，往往能出色地倾听他人的需求。兰博基尼汽车的创始人费鲁吉欧·兰博基尼（Ferruccio Lamborghini）说，他在战后感觉到了人们的需求，并拥有一种直觉能感受到人们想要的是什么，他认为有必要为汽车爱好者提供一些新的可能性：

"当时的豪华跑车无法提供人们想要的东西，所以我专注于人们对高性能跑车的真正需求。"

索尼娅·里基尔设计服装的最初动机也是这样。"我最开始做了一条裙子，因为那时我怀孕了，我想成为最美的孕妇。"不过她解释说，除了功能性和审美的需求，她还有一个以示区别的需求："随后我做了一件毛衣，因为我想拥有一件与众不同的毛衣。"意大利领先的豪华游艇制造商贝尼蒂游艇（Benetti Yachts）将这种倾听能力彰显到了极致：

"懂得倾听。倾听客户的声音。永远满足他们的需求，并接受持续的挑战。这就是贝尼蒂所做之事。它深知建造一艘游艇可能需要数年时间，而在此期间，船主的需求可能会发生变化。"

诱惑型生产者以物质舒适度来衡量价值，并向往富裕。詹尼·范思哲承认："舒适于我而言相当重要，我认为人们住大房子并穿漂亮衣服会生活得更好。"他认为自己"与金钱之间有一种奇妙的关系"，他用金钱买自由，并不将创造与金钱分开，这么做是凭借一种现实的原则。维克托与罗尔夫也同意这一点，他们直言不讳地宣称：

"很多时候，人们似乎不明白，我们是可以同时兼顾艺术性与商业性或者概念性与商业性的。于我们而言，这一直是我们二人想要的东西。我们什么都想做，什么都想拥有。为什么不呢？"

他们还非常重视快感，通过回到童年的快感或性快感，他们喜欢享受其中的许多乐趣。卡尔文·克莱恩与索尼娅·里基尔就是两个杰出的例子。于卡尔文·克莱恩而言，性感是一个基本要素："我是一个推崇性感的人，这一点在我的服装及广告中都有所体现。"而且他认为，与充斥荧屏的暴力相比，性感并不那么令人震惊："当电视荧屏上播放有人被杀时，我会比看到感性或性感的事物时更加震惊。"而对于索尼娅·里基尔来说，性感如同巧克力：

"我爱吃巧克力，尤其是带有棉花糖或焦糖的黑巧克力。如果我只能吃两样东西过活，那么我一定会选一种极好的巧克力和一种极糟的巧克力。"

- *战士的方式*

诱惑型生产者在冷静沉着的外表下是一名斗士；他们雄心勃勃，精力充沛。詹尼·范思哲强调他的个人能量："我从不放弃，我总是在战斗。"弗兰克·索贝尔也是如此："在 25 岁那年，我意识到自己有可能无法实现我的梦想，于是决定放手一搏，并创作了自己的第一个服装系列。"费鲁吉欧·兰博基尼同样重视勤奋工作："当我们停止工作时，我们就开始走向死亡了。"这种能量使他们对世界的时事与变化尤为敏感。拉夫·劳伦证实了这一点：

"时尚关乎变化、青春与抱负。它是世界上正在发生的一切。它是不同来源的多种元素的混合。它是对所有时刻的关注。"

他还强调事件的同时性，以此提醒我们瞬间的力量：

"我认为当今的世界是统一的。时尚来自世界的各个角落，它来自日本、美国、法国、意大利，它来自街头。时尚无处不在。这是一个令人兴奋的世界，因为有太多的事情正在同时发生。"

这种不断更新也受到竞争的刺激，竞争要求设计师们对当下保持更高的警惕性。詹尼·范思哲将他的竞争对手们视为在质量方面超越自我的动力："有竞争是好事，它促使你向最好的方向迈进。"事实上，詹尼·范思哲为里卡多·提西提供了不少灵感，后者坦言："我的灵感有诸多来源，范思哲品牌就是其中之一。"

他们想要在自己的时代成功的强烈意愿也是一种为未来做准备的意愿。"我对过去不感兴趣，"范思哲说，"除非将它视为通向未来的道路。"索尼娅·里基尔则认为："领先时尚潮流一步并不是那么重要，重要的是始终走在潮流前面。"正因如此，他们才不断地创造新的形式。创新反映了一种在世界上的存在方式，而不断更新的物品恰恰证实了这一点。正如费鲁吉欧·兰博基尼所说："就我个人而言，我认为每年推出一款新车以表明我们一直存在，这是非常重要的。"

他们专注于创新，尤其是技术改进。"我之前从未打算进入汽车行业，"费鲁吉欧·兰博基尼接着说道，"但我知道，可以制造出更好的汽车。"他所要做的就是改进已有的产品，就像他从小就开始对农用拖拉机所做的那样，然后是对系列汽车所做的那样，从菲亚特到法拉利。这种对不断更新的需求似乎吸引着这些设计师去追求肤浅的螺旋式上升的时尚，即瞬间的牢笼。而事实上，于他们而言，时间恰恰是一连串的当下时刻。为了充分体验这些时刻，维克托与罗尔夫提出以虚构的方式来体验它们：

"我们的灵感来自任何能让人逃避现实的事物。我们对现实并不那么感兴趣。至少，我们想邀请人们去做梦，去逃避。"

- *君主的物质*

诱惑型生产者并不比其他人少地梦想着在自己的作品中达到永恒。为了实现这一目标，拉夫·劳伦尤其提倡掌握经典：

"经典一词于我而言意味着永恒。它是那些永不过时的东西。马球衫，那些我设计的服装反映了我的信念，它们是永恒的。我喜欢经久不衰的东西［……］。我努力创造不受任何特定潮流影响的服装。这些服装具有传奇色彩与永恒性，随着岁月流逝一直使我们感动。"

这让他对时尚和风格作出了区分：

"风格是个人的事，与时尚没有任何关系。时尚是短暂的，而风格则是永恒的。［……］于我而言，风格意味着卓越的品质、完整与永恒。风格并不追赶潮流，也不会过时。"

作为追求永恒的标志，拉夫·劳伦提及了英格兰：

"这个国家处于时尚之外，它是永恒的。在那里，不用穿着最新流行的服装。人们欣赏时间的痕迹，以及那些随着年龄增长而变得高贵的东西。"

于他而言，奢侈是一种感性，是一种看待生活的方式：

"这不是当季的最新时尚。奢侈是一种个人风格，是一种创造舒适环境的意愿。它是品质及永恒优雅的体现。"

在他们对永恒的追求中，诱惑型生产者也在梦想着人间的完美。我们能在费鲁吉欧·兰博基尼身上找到这种追求完美的意愿。有一天他决定制造一辆完美的汽车，于他而言，很自然地，一辆兰博基尼汽车就意味着"精致、奢华和完美"。当他谈及自己的最新车型时，他看到自己的品牌精髓在一瞬间凝聚在一起："通过兰博基尼 Aventador J，我们将品牌的 DNA 以最纯粹的形式浓缩。"

除了人间的完美，他们还希望取得持久的结果，并使自己成为永恒，以传后世。这一点也在卡纷（Carven）品牌身上体现得淋漓尽致，正如其创始人卡门·德·托马索（Carmen de Tommaso）在她生命的最后时刻所说的那样：

"最后，我没有任何遗憾，而且我很高兴我的名字能流传下去。我还希望，尽管我年事已高，但在未来的许多年里人们还能想起我的名字，并仍将我的名字视为年轻的同义词。"

重塑型生产者

属于重塑型生产者（PSG）分类的奢侈品品牌经历一个又一个周期，懂得如何从死亡中以全新的形象重生。通过一种象征性的死亡，重塑型生产者表达出他们对生命的热爱。他们懂得鉴别，知道什么该生，什么该死。苹果可以说是一个接近奢侈品的品牌，尤其是自其与爱马仕进行 Apple Watch 相关合作起。该品牌的创始人史蒂夫·乔布斯于 2003 年在斯坦福大学的著名演讲中曾明确指出：

"记住我将不久于人世，这是我遇到的最珍贵的工具，它帮助我作出人生的重大选择。因为，几乎所有的东西，包括外在的期望、骄傲、对尴尬或失败的恐惧，都会在死亡面前烟消云散。这为真正重要的东西留下了空间。记住我们终有一死，这是我所知道的避免陷入'失去'陷阱的最好方法，避免去想你们还有什么好失去。你们已经是孑然一身的了。没有理由不追随自己的心。[……]成为墓地里最富有的人，这我不在乎……上床睡觉时说起自己做了一件了不起的事……，这对我来说才是重要的。[……]如果你们把每一天都当作最后一天来过，总有一天你们会是对的。"

这种与死亡的必要对抗使人想起希腊神话中的人物：需要去冥界寻找爱妻尤丽黛的奥菲斯，或是在喀耳刻岛上的尤利西斯，他来到塔耳塔洛斯并询问占卜者提瑞西阿斯如何继续他的奥德赛之旅。从生活中汲取精华，重塑型生产者为一个可能的未来做准备，将那些接受这种可能性的人聚集在自己周围，并逐步向他们介绍自己的秘密。他们继承了两个方面，我们可以更详细地观察到这两个方面的特点。其一方面是自然主义的，它指向希腊女神德墨忒尔，指向四季轮回，由黑暗、地下、黑色的冬季时光与欢乐、明亮、多彩的夏季时光循环往复。正如尼娜·里奇（Nina Ricci）之子、莲娜丽姿品牌领导人罗伯特·里奇（Robert Ricc）所解释的："我们的抱负一直是为现实赋予梦想的色彩。"另一方面则更为复杂，它指向希腊神话中的狄俄尼索斯，他是醉酒之神和启蒙之神，正如伊夫·圣罗兰对死亡与重生的绝妙描述：

"科克托从巴伐利亚湖泊深处变出一对神奇而独特的天鹅，闪闪发光，并将它们变成巨鹰，直至最高的山峰。面对这些难以忘怀的梦，我迟缓的青春期充满战栗。我必须重生。让自己回到现实中。忘记并摧毁这些壮观的奢侈。"

- *生产者的目的*

重塑型生产者具有深刻的人文主义特征，并表达了对个人的极大关注。伊夫·圣罗兰在谈及他的时装屋时说："这是一个以爱为基础的时装屋。"他还补充道，爱于他而言十分重要，是抵御衰老的真正保障。在他看来，激情是女人最美丽的妆容："只有爱才能保护美。"多年来，他用他自己亲手绘制的绝妙爱心卡片强烈地表明了这一点。圣罗兰品牌通过这些卡片向其朋友与客户送上新年祝福。欧莱雅集团收购伊夫·圣罗兰的香水业务后，推出了恋恋深情香水，以向这一主题致敬。

因此，重塑型生产者也坚持尊重他人。伊夫·圣罗兰曾如此宣称："人的身体是一个奇迹。我感受美的同时能受到对心灵的致命一击。"这种对身体的约束是绝对的：

"我学会了像当心瘟疫一样当心灵感，并逐渐明白了高级定制时装不是一门艺术，而是一门手艺，换句话说，它的出发点和目标都是具体的：是女性的身体，而不是抽象的想法，这些想法本身没有任何价值。"

身体不仅能激发灵感，还必须得到尊重和呵护。

"我的工作？最重要的是尊重我所穿戴的身体。让所有女人，即使是最不美丽的女人，也能成为最美丽的女人［……］。一个赤裸的女性身体，我必须为她穿上衣服，并不妨碍她自然动作的自由。简而言之，我的工作就是爱的对话，它存在于这个赤裸的女性与缠绕织物的所有诱惑力之间。"

帕科·拉巴纳用其他方式表达了一个非常相近的概念，是与其母亲的对话：

"我的母亲热爱时尚,她总是对我说:'我的孩子,你拥有各种自由,但有一条除外:你不能侵害女性的美。'这十分重要。女性是奇迹,女性是诱惑。一位女装设计师无权嘲笑她。这是犯罪。我呢,我一直确保,即使是使用金属和一些有点奇怪的东西,女性也是美丽的,她是女神,就像来自其他星球的一样,像是一个梦境。这是我对自己所设的唯一限制。"

伊夫·圣罗兰赋予了这种与他人关系的核心地位:"美并不重要。重要的是诱惑、震撼、感受到的事物、急切做的事物。这是完全主观的。"对于玛尼(Marni)的设计师康素爱萝·卡斯蒂廖尼(Consuelo Castiglioni)而言,女性首先要与自己合拍:

"我为独立女性做设计。她为自己穿衣,而不是为了取悦他人或是被人评头论足。她身着玛尼的服装,因为她在这样的服装中感觉很棒。"

除了这一人文主义的方面,重塑型生产者还培养了一种对人类创造的欣赏,它跨越各个时代,正是经得起时间考验的瑰宝。

"每个人要活下去的话都需要美的幻象。我曾追逐它们,寻找它们,追捕它们[……]。我也向这些美的幻象告别。"

伊夫·圣罗兰因而辩证讨论了梦想与现实的问题,将现实作为超越与升华的基础,并认为在他的工作中,梦想与现实融为一体是美妙的。洛朗斯·贝那伊姆(Laurence Benaïm)指出了"这种他用来纠正现实的力量"。而且我们知道,在鸦片香水的广告中,这一理念再次被提及:"鸦片,现实与虚幻相结合的香水。"

为了战胜苦难,重塑型生产者也与苦难对话。伟大的高级时装设计师伊夫·圣罗兰，在他生命的最后 20 年里几乎与世隔绝，几乎不接见任何人，他于 1998 年回忆道："每一个有爱的人都是一个痛苦的人。"他还补充道：

"我一生经历了很多痛苦，但苦难或许是我身上最具创造力的东西。通过痛苦，我学会了更好地与自己相处，最重要的是，我学会了更好地理解他人并爱他人。"

色彩成了他的答案，它使街道变得愉悦，也使他的生活变得愉悦。

重塑型生产者以他们对品质的主张而著称。因此，战前奇思妙想的高级时装设计师艾尔莎·夏帕瑞丽深刻地将欢乐与吃好的快感联系在一起："吃并不仅仅是一种物质上的享受。吃好给生活带来无与伦比的快感，并极大地有助于保持好心情与提供好陪伴。这对精神状态十分重要。"而且她认为，一位好的厨师就是一位施与快乐的仙女。

既然米其林星级大厨不否认这一说法，莲娜丽姿品牌推出了一个化妆品系列，以颂扬爱美食的女性，并推出了一个内衣系列。该系列采用了一种创新材料牛奶丝，它是丝绸、不引起过敏的牛奶纤维及弹力纱线的混合物，以实现最大程度的柔软与舒适。这种贪恋美食有别于重塑型生产者与某些食物间的感官关系。

重塑型生产者还与自然有着特殊的关系。例如，让-夏尔·德·卡斯泰尔巴雅克（Jean-Charles de Castelbajac）会宣称："我的服装是一种宇宙与身体之间的对话。"

在梵克雅宝（Van Cleef & Arpels）的高级珠宝系列中，自然主义的方面得到了巧妙体现。项链、戒指、吊坠及胸针上自然的植物及花朵图案与大量有色宝石相得益彰。在花园系列高级珠宝中，梵克雅宝从园艺及其装饰中汲取灵感，以向激发其创作灵感的大自然致敬。对于这个系列的作品，品牌倾向于关注借人类之手产生的自然的象征性表现，即重塑的，而不是自然本身的。

由于花园是一种诠释世界的方式，因此该系列体现了指导品牌设计的四大理念。亚洲花园在微观世界中再现自然的和谐，法式花园则是理性战胜自然的颂歌。意大利文艺复兴风格的花园被设计为别墅的延伸，居于中心位置，而英式花园则向往直至地平线的开阔景观。我们还可以在品牌其他系列中找到自然主义的灵感，如"幸运宫殿"系列、"奇异之旅"系列、"加州梦境"系列、"传奇舞会"系列、"亚特兰蒂斯"系列、"巴黎的一天"系列，抑或是"仲夏夜之梦"系列。

这种自然主义的方面也持续存在于法国奢侈化妆品品牌希思黎（Sisley）中，它由修伯特·多纳诺（Hubert d'Ornano）创立。该品牌倡导植物美容理念，即在美容产品中使用天然植物提取物。每种天然植物提取物都含有具有特殊功效的活性成分。这些天然植物提取物的结合产生了协同效应，增强并巩固了每种原理的作用。这种协同作用是希思黎研究的核心，是将植物知识、植物成分及活性分子（或活性成分）融为一体的专有技术。

另一个大品牌莲娜丽姿也与自然有着这种联系：莲娜丽姿，正如由1980年诞生的花之花香水所使人联想的事物一样。在外在美的背后，该品牌向我们揭示了其更深层的意图：彰显每一位女性的私密个性，为每一位女性提供经典、自然而不浮夸的衣橱。

除了这种与自然的关系，自然的魔法也是经常被提及的。从能够变成各种动物的魔法师梅林（Merlin），到维维安（Viviane）仙女，仙境是一个自然的世界。

伟大的珠宝商梵克雅宝推出的梦幻精灵香水为这个世界注入了生命：

"完全从梵克雅宝的神奇世界汲取灵感，梦幻精灵香水光彩照人，确认了其与高级珠宝的不解之缘。同样的诗意，同样的想象，同样的极致奢华。作为令人神往之物，梦幻精灵将我们带入一个充满星光、蝴蝶与欢乐梦境的非凡世界。"

这家珠宝商把仙女的世界变成了自己的世界：

"与芭蕾舞演员一样，仙女也是梵克雅宝作品的主要女性形象代表。因此，她们体现了女性气质的精髓。自 20 世纪 40 年代起，随着蜻蜓女士与美之精灵仙女胸针的问世，仙女们为梵克雅宝的世界带来了欢愉。这些胸针由铂金镶嵌红宝石、祖母绿及钻石制成。此后，仙女成为品牌钟爱的代表形象。"

- **君主的方式**

重塑型生产者坚信，存在一种内在的逻辑构造着这个世界，而了解这种逻辑至关重要。本着这一精神，克里斯汀·拉克鲁瓦强调"总有一种隐藏的逻辑"。帕科·拉巴纳则开始了精神和心灵的探索，这使他遭到了大量嘲笑，但他同样是这种意识的一部分。

这种关注也从深层推动着三宅一生的创作过程："我必须确保每件作品背后都有一个具有普遍特征的概念。"这种对起源和精神的追求与莲娜丽姿的某些香水名称产生了共鸣，如比翼双飞（1950 年），它使人联想到瞬间、饱满的生命与幸福，而夏娃的女儿（1952 年）及曙光则让人联想到最初的天堂。

伊夫·圣罗兰为女性与男性的相遇做好了准备，正如当初夏娃与亚当相遇一样。得益于这种对人类神秘深处的研究，人们获得了理解生命奥秘的能力。

这一方面在让-保罗·高缇耶的高级定制时装系列中得到了绝妙的例证。自 20 世纪 80 年代初为男士设计芭蕾式短裙以来，他从未停止玩弄某种混淆性别的游戏，他质疑的不仅是同性恋问题，还有我们身份中的性别概念。他由此邀请我们重新考虑自己与性别之间的关系，通过服装来表达这种关系，并在他重塑的时尚世界开辟了一个新的循环。

重塑型生产者也研究记忆问题，如真正的历史学家一样，以确定人类创造的令人难忘的事物。于他们而言，没有任何靠人类才能和文明创造的事物应该消失。所有事物都应该能够在任何时刻被任何人重新激活，用前人和后人的经验来丰富我们的生活体验。在莲娜丽姿，对往日情怀男士香水的命名就明确反映了这一主题，并将其与一种含蓄的感性联系在一起。

克里斯汀·拉克鲁瓦也认同这一主题的重要性，他直接引用了普鲁斯特（Proust）的话："我们都在追寻逝去的时光。"他还提及自己意识到失去时间的痛苦："时间的概念使我厌烦。看着 20 年前的照片，你们会意识到时间已经流逝。"他用自己的方式展示了他是如何重新唤起过去难忘的经历的，而这些经历是由他身边的人传递给他的：

> "去巴黎就像在 20 世纪 30 年代穿成安德鲁斯姐妹一样。这是我在祖父母家的书中看到的一切，只不过这是我们这一代人。"

谈及失乐园，伊夫·圣罗兰说，正如普鲁斯特所写的那样，真正的天堂是我们已经失去的天堂。在积家（Jaeger-LeCoultre），时间也受到全方位的崇拜。因此，超卓复杂功能三面翻转腕表是钟表史上首款配备三面表盘且由同一机芯驱动的腕表。每个表盘都对时间进行了一种诠释：正面是民用时间；背面是恒星时；表框上是万年历。积家还与伟大的汽车品牌阿斯顿·马丁合作，推出了 AMVOX 系列，其中字母 A 和 M 与阿斯顿·马丁的首字母相呼应，而 VOX 则意指著名的 Memovox 极地响闹腕表系列。又是一种记忆……

重塑型生产者的天才之处在于他们能够将各种想法联系起来进行思考。他们是真正的连接者。Comme des Garçons 的设计师川久保玲（Rei Kawakubo）也是如此。她摒弃一切算计并凭直觉工作："创作并不适合算计。"她还补充道：

> "我不会意识到运用智力的方式。我的方式很简单。它只不过是我制作每一件衣服时的心境，是我觉得美丽和强烈的一切。结果是由他人决定的。"

在帕科·拉巴纳身上，这种孤立部件之间的结合通过金属部件的组合得到了强调，并形成一种新的织物形式，而这使得他在20世纪60年代创作出了一些最出名的裙装。在莲娜丽姿品牌的网站上，品牌创始人的一段话表达了对香水构成的超越："在比翼双飞香水中，不仅仅是珍贵原料的简单组合。那是一个真正的奇迹。"

因此，重塑型生产者表现出一种严谨且非凡的技艺。在积家，紫玫瑰与郁金香开启了非凡腕表系列的序幕。其中每一枚腕表都需要制表厂的宝石镶嵌师数百小时的专注及无限的灵巧手工。该系列的每一枚腕表均由数千颗色彩深浅不一的珍贵宝石装饰而成，独一无二。这种技艺超越了奢侈，直追科学与艺术："最早测量微米的既不是一位物理学家，也不是一位工程师，而是安托万·勒考特（Antoine LeCoultre），那是1844年。他创造出的钟表部件是如此完美，以至于任何工具都无法检测出它们的误差！为了超越新的极限，他创造了世界上最精确的测量仪器。微米仪作为标准器使用了半个多世纪。"积家制表厂的网站上还明确指出，1992年，制表师们以创造一种可靠性与精确性的新基准为目标，选择了他们最好的机芯——积家889机芯。他们为其进行兼具坚固和经典的装配。随后，他们对腕表进行了六次严格测试。测试时间长达一千小时，超过六周。第一枚大师系列腕表就这样诞生了。

最后，重塑型生产者梦想着发明一些普遍适用的形式。伊夫·圣罗兰曾宣布，只有某些特定的时尚才能接近艺术和永恒的境界。本着同样的精神，卡斯泰尔巴雅克宣称自己做的是"不会贬值的时尚，是不时兴的时尚"。因此，经得起时间考验显得很重要，正如三宅一生所强调的那样："我们现在要做的是长期的服装，而不仅仅是为一个时装季节，这一点很重要。我们不能继续丢弃服装了。"

伊夫·圣罗兰以男装衣橱为基础，致力于为女性提供一个贯穿始终的衣橱，其中包括一些合理的、不会过时的、具有功能性且实用的服装。

这位时装设计师的参考衣橱就是一个很好的证明，这个衣橱里服装都遵循着一套基本规则。这些服装知道如何被遗忘，把所有的空间都留给女性，它们不会显老。这个衣橱面向所有女性，且这些服装可以在任何场合被穿着。

通过这些整体视角、记忆、组合及普遍性的概念，这种方式表现出君主的性质。

- **战士的物质**

重塑型生产者具有戏剧性，他们周期性地从黑暗阶段走向光明阶段，这往往表现为黑色与彩色的对立。他们比任何人都更懂得如何度过危机以获得新生：正如地球围绕太阳公转一样，他们也蕴含着循环的力量。这一层面在艾尔莎·夏帕瑞丽和让-保罗·高缇耶身上得到了很好的体现。前者作为被泼脏水的设计师，认为"在困难时期，时尚总是会引起纷纷议论"。后者被称为时尚顽童，他通过组织粗野选角和推广愚蠢着装进行创新。1984年，让-保罗·高缇耶推出了"上帝创造了男人"系列，为男士设计裙装并引起了轰动。本着同样的挑战男女着装成规的精神，他还探讨了雌雄同体及男女混合的主题。让-保罗·高缇耶是一位永恒的无视传统者、人文主义者及前卫主义者，他是一位有远见的人、一位挑衅煽动者。多年以后，让-保罗·高缇耶仍然对他认为十分正常的事情的一些反应感到惊讶。

重塑型生产者往往懂得打破常规思维，将两个不同世界的元素结合在一起，因为他们由此发现，通过不同理念的结合能促进其运作。玛尼的情况就是如此，其设计师坦言：

"我一直从对比、并置和感染中获得灵感：运动装与高级时装、几何形状与花卉印花之间的活力、密度与轻度的轻松交织。我凭直觉工作；一个系列的创作通常从寻找面料或材料开始。我为不同质地、颜色及印花所产生的效果所着迷。"

他们欣赏诗歌、智慧及某种程度的讽刺。艾尔莎·夏帕瑞丽的无限才华就是最显著的例子，无论是通过她个人的创作，还是通过她与同时代伟大的超现实主义艺术家的合作，如她与萨尔瓦多·达利（Salvador Dali）合作设计了一款鞋形帽子。让-保罗·高缇耶讲述了他的一次类似经历，极大地影响了他成为高级时装设计师的早年时光："在皮尔·卡丹那里，我了解到人们可以用椅子做帽子。"他由此开辟了新的美学领域，正如巴勃罗·毕加索开创了立体派绘画一样。

让-保罗·高缇耶表示："嘲讽是我最大的动力之一。"他想告诉人们要睁大双眼并"在人们通常意想不到的地方发现美"。重塑型生产者拒绝雷同的复制，他们总是偏好符合进化规律的东西。"创造推动事物向前发展。如果没有新的事物，就不会有进步。创造就是新的事物。"川久保玲如此强调。必须始终走在前列，不断摒弃既定秩序。这就是三宅一生奉行的哲学："很多人都在重复过去。我对此不感兴趣，我偏爱进化。"

重塑型生产者将快乐视为一种恩典的状态，它给人以永恒之感。多年来，宝马品牌的广告宣传一直在夸耀驾驶的乐趣，而在2010年和2011年，他们更是明确地将乐趣作为其标志性的主题："乐趣是灵感的源泉。"该品牌如此阐明自己的承诺：

111

"乐趣是我们创建公司的原因。因为我们早就明白,我们让人们感受到的东西与我们制造的东西同样重要。我们创造的不仅是汽车,还有乐趣。乐趣是一个永无止境的故事。"

正是在这种永无止境的故事中,我们进入了超越时间的乌托邦。有些人还记得莲娜丽姿品牌的第一款香水。罗伯特·里奇决定创作一款香水,于是他请鲁尔(Roure)香水公司著名的调香师热尔曼娜·瑟利埃(Germaine Cellier)设计了一款绿调及花香调的香水,并将其命名为喜悦之心;他还委托儿时好友马克·拉里克(Marc Lalique)设计水晶香水瓶,以强调其价值和耐用性。同样地,三宅一生说他最大的愿望"就是让人们在穿上我设计的服装时感受到快乐"。而当被人们反驳道"时尚是权力的工具"时,玛尼的设计师惊呼道:"权力?时尚与权力无关!时尚与快乐有关!"对纷争的喜好、生活的乐趣,所有这些都表明了战士的物质。

*

如果说一个品牌君主功能类型的形象完全来自英雄叙事的意象,而战士功能类型的形象则既来自合成叙事的意象,也来自英雄叙事的意象。在这用于阐述生产者品牌的最后一章,我们将注意到,神秘叙事的意象,也可能是合成叙事的或是英雄叙事的意象,可以定义这些被分类为生产者型品牌的创作。正如通过英雄叙事意象界定君主功能类型的形象和通过合成叙事意象界定战士功能类型的形象一样,我们可以断定,当神秘叙事意象代表一个品牌的目的时,它就将其界定为生产者功能类型的形象。不过,当合成叙事意象或英雄叙事意象代表其方式或物质时,也可以界定品牌这种生产者功能类型的形象。

以下三个品牌的对比尤其能说明这一现象:让-保罗·高缇耶、伊夫·圣罗兰及帕科·拉巴纳。这三个重塑型生产者品牌，运用了三种不同的创作意象。让-保罗·高缇耶的意象以叠加、重复、感官现实主义与谨小慎微为基础，代表并决定了一个生产者的目的。它以人文主义自居，倡导关注个人及他人并以现实主义为目标。

然而，在伊夫·圣罗兰和帕科·拉巴纳品牌上，是一种坚定的存在和生活哲学、一种社会视角，而不是一种意象，决定了这种生产者的目的。不过伊夫·圣罗兰的合成叙事意象代表了战士的物质，趋向于对立面的和谐，诉诸历史与进步。而帕科·拉巴纳的英雄叙事意象则是由君主的方式决定的，充满了分离的倾向、理想化与几何主义。

结论

奢侈无尽

奢侈品绝非毫无意义,而是提出了根本的生存问题。这是本书的前提,而且显然这一前提是有效的。它不仅提供了分析奢侈品形象的适当方法,而且在已开展的研究中全程得到了广泛验证。一方面,奢侈品首先是一种图像的产物,是一个图像的世界,它似乎完美地诠释了利用意象来抵御死亡焦虑的理论。另一方面,奢侈品品牌也在不断反映其赖以构建身份的存在性问题。

从它提供的哲学角度来看,这一假设也为解决当代的一场重大争论提供了可能。过去 30 多年以来,在需求民主化和供应多样化的基础上,出现了一种新的奢侈品形式,对奢侈品的概念本身提出了挑战。有些人会认为,奢侈与民主化互不相容,因此后者只会扼杀前者。另一些人则认为,大型奢侈品集团的产品多样化是一种误入歧途,并有对其造成损害的风险。然而,奢侈品的新形式,在其某些变化中,仍然非常令人满意地满足了其根本的存在要求，因此这种形式并不意味着一种死亡行为，而是一种发展，或是一种更真实的当代再思考。环境保护方面的变化也是如此：从道德时尚到电动汽车或是生物燃料驱动的汽车直至各种健康技术，因为它们强调保护和可持续性，以自己的方式重新回到了那些深层定义传统奢侈品的问题。

除了关于奢侈品在当代社会中的持久性的辩论，也正是这些社会的隐秘状态提供了所采取的视角。因为它提出了根本性的问题，奢侈品成为一个绝佳的社会观察站，尤其是社会意象的观察站。对奢侈的三种意象的区分，以及对它们或多或少的重要性的觉察，根据所考虑的不同时期和不同社会可以确定历史分期，这些很能说明对自身与世界的思想态度和行为的重要意义。

在整个19世纪，英雄叙事意象一直占据霸权地位，直到最近仍在很大程度上占据主导地位，它表达了社会与文化方面的活力。这些社会被进步的思想贯穿，对未来的信心推动了它们的发展。过去20多年来英雄叙事意象逐渐被神秘叙事意象所取代。神秘叙事意象属于对未来充满疑虑的内向型社会。至于合成叙事意象，它出现于19世纪，但直到今天，它仍是一种边缘形式，即使我们可以将其视为真正的奢侈的意象：就其本身而言，它通过吸取过去的教训来平衡过度的行为，并提供了一个与自身和解的社会模式。

如果说对奢侈的意象的研究可以提出并在一定程度上回答一些哲学与社会学问题，那么对品牌功能类型的研究则是对整个经济与象征机制的观察。这项研究表明，奢侈品品牌由其创造者最初的举动所创立，随后基于其历史，围绕生与死的形而上学问题，在其形象上表现出非凡的持久性。自诞生时起即为君主型、战士型或生产者型，它们在市场上的定位也将始终是君主型、战士型或生产者型。或许这三大功能类型内部的不同组合可以为其商业战略的制定和应用提供一定的灵活性。但是，一旦社会与经济形势发生变动，这往往伴随着或决定于意象的变动，导致它们质疑自己的核心形象，它们就有失去所有信誉的危险，并可能最终完全彻底地消失。

从一开始，大多数品牌都是某种特定意象的一部分，并在这种意象中获得认可与商业成功，无论这种意象在特定时期是占主导地位还是处于边缘地位。不过，除此之外，它们也形成了与之共存的特定功能类型。因此，它们也面临一种双面的限制。即使它们所属的意象被另一个意象所取代，它们也很难摆脱这个意象，正如它们很难因为经济生活有时强加给它们的兼并与收购而改变自己的形象一样。

下面列举的几个例子很好地证明了这一点。爱马仕与圣罗兰专属于优雅性奢侈的意象，其结构是合成叙事的。在这个从未占据主导地位的意象中，爱马仕发展出了人间型战士的形象，而圣罗兰则发展出了重塑型生产者的形象。虽然它们所属的意象决定了一个相对受限的商业范围，但它们的战士或生产者形象使它们不适合融入一个更大的团体，因为一个大团体的形象是君主的，正如LVMH这样的集团。而迪奥则是一个不太一样的例子。或许在很大程度上它属于炫耀性奢侈的英雄叙事意象，但它也可以在很小程度上属于优雅性奢侈的合成叙事意象和舒适性奢侈的神秘叙事意象。因此，它的商业定位似乎要宽泛得多，而它的君主类型形象则使它特别适合于一个本身培养君主类型形象的群体。

我们还可以发现奢侈的意象与品牌的形象之间的一些重合之处。很明显，品牌的君主类型形象完全来自英雄叙事意象，然而，一方面，品牌的战士类型形象则既可以来自合成叙事意象，也可以来自英雄叙事意象，另一方面，品牌的生产者类型形象则无区别地可以来自英雄叙事意象、合成叙事意象和神秘叙事意象。或许这种英雄叙事结构在所有品牌功能类型中的分布应该被解释为其所定义的炫耀性奢侈在历史上所拥有的霸权印记。

如果我们现在仅考虑某种功能类型的目的，事实上这是它的主要决定因素，我们就可以看到几乎完美的等同性。英雄叙事意象被视为君主类型形象的代表，合成叙事意象被视为战士类型形象的代表，神秘叙事意象被视为生产者类型形象的代表。这种限制于目的的做法牺牲了其他两个组成部分，即方式与物质，并非没有一些额外的收获，因为它还使我们有可能区分出两种品牌，一种品牌的形象来自创作本身，另一种品牌的形象则来自非具象元素，通常是创作本身之外的元素，如生活哲学或市场定位。

我们可以看到，对奢侈品的思考，其优点与意义在于使杜兰的表达与杜梅齐尔的表达之间有了和解的开端和可能的衔接。这两种表达突出了精神和／或社会态度的持久性，至少在西方世界是如此，因为它们在两个不同的层面运作，即图像层面和功能层面，当它们引起对照时，只能引起情境的对照。这或许反过来证明，奢侈品是一个只能从人类学角度揭示其意义的研究对象。

*

如上观察带来了一些对全球奢侈品经济更具概括性的评论，以及一些对其未来及其在当代社会中面临的挑战更有远见的评论。

正如我们所见，奢侈的炫耀性意象在很长一段时间内占据着霸权地位，从19世纪起才稍稍受到优雅性意象的挑战，而在过去20年左右的时间里，这种意象已经变成了一种神秘叙事意象。然而，这种神秘叙事意象的出现与中国作为奢侈品市场主要参与者的崛起在时间上完美重合，这不能被视为单纯的巧合。

中国现已成为全球最大的奢侈品市场。这种现象通常可以用20世纪末以来这个"中心之国"惊人的经济增长与人口结构来解释，也就是说该国十几亿居民中至少有6000万人可能是奢侈品的潜在消费者。但是，这种纯粹的经济解释当然是不完整的，除此之外，我们的分析还能概括出其他更为根本性的解释。

即使对于某些人而言试图用意象的主要结构来描绘一个国家的意象似乎有些冒险，但我们仍然可以认为，中国的意象，正如几千年前的文化所产生的各种形象所传递出的，无论如何，中国传统服饰的意象，本质上是一种神秘叙事意象。因此，我们就不难理解，为什么其形象属于神秘叙事世界的中国，会成为西方奢侈品，尤其是时尚奢侈品的首选之地，因为时尚奢侈品自身就在很大程度上属于这一世界。

换言之，与一个国家的经济增长构成一个必要但不充分的基础一样，中国在全球奢侈品市场上的存在，是由两个意象世界的汇合所决定的。这种从意象角度进行的分析还引发了其他方面的思考。它不仅可以作为一种有意思的工具，用于预测未来哪个新兴国家将成为西方奢侈品市场的新延伸——或许更有可能是印度，而不是巴西或俄罗斯——而且还提出了有关其未来的问题。

*

无论是在原始社会还是在古代社会，奢侈品都是人类想象中的恒常存在，不仅如此，它还是令人持久向往的物品，无论是以现代欧洲的形式还是超越政治与社会的变迁，否认这一点也是毫无意义的。正如加布里埃尔·德·塔尔德在19世纪末所定义的那样，作为"艺术的一种"，它属于意象，在根本的人类学结构上游走，并从一个时代到另一个时代更新着炫耀的华丽、优雅及神秘的精神这三个维度，它显得与它所表达的文化一样永恒。即使我们可能会对其中一个维度抱有遗憾，即第二个维度。我们倾向于认为它是奢侈品最完美的限定，但它从来都只是少数的，或者担心它将在一个没有审美意识的世界中消失。但这些遗憾或担心并不会让我们质疑它的存在本身或它的持久性，而只会让我们质疑它的社会与经济意义。

奢侈品具有强烈的起源意识，尊重创造与传承，创造的价值主要是非物质的且永恒的,它是一种在商业世界中找到自己表达方式的艺术形式,因此,它是一个典范,用以思考对整个经济产生影响的过程。有些人会很自然地认为"没有凡尔赛宫就不存在奢侈",并由此推断奢侈在法国有着坚实的根基。但他们肯定会更加迟疑地发现,奢侈品已决定了一种法国经济的结构,一方面是尖端产业与大型集团,另一方面是基础产业与小型单位,却极少有在其他国家取得成功的中间形态企业。除了一些特殊案例,奢侈品也是勾勒未来经济的一种方式。这个世界每天都在向新的参与者扩展,而且不受经济危机冲击的影响,其经济形式似乎是一种未来的经济形式。

在艺术与工业的交汇点上,奢侈品从未停止过对两者的反思。但它同时也为最初创造它的社会提供了一面镜子。最终作为人性的一面镜子,奢侈品永远不会停止闪耀,无穷无尽。

对照表

意象的结构	品牌	品牌类型	功能类型	TEIF	品牌
英雄叙事结构	宝诗龙 皮尔·卡丹 迪奥 娇兰 浪凡 兰博基尼 雅诗兰黛 雷克萨斯 梅赛德斯 蒂埃里·穆格勒 百达斐丽 保时捷 帕科·拉巴纳 劳力士 斯特凡·罗兰 弗兰克·索贝尔 范思哲 路易威登	君主型品牌	魔法型君主	SGP	迪奥 娇兰 雷克萨斯 蒂埃里·穆格勒 斯特凡·罗兰 路易威登
			法律型君主	SPG	宝诗龙 雅诗·兰黛 浪凡 梅赛德斯 百达斐丽
		战士型品牌	宇宙型战士	GSP	劳力士
			人间型战士	GPS	皮尔·卡丹 保时捷
		生产者型品牌	重塑型生产者	PSG	帕科·拉巴纳
			诱惑型生产者	PGS	兰博基尼 弗兰克·索贝尔 范思哲
合成叙事结构	阿玛尼 布什拉·雅拉尔 香奈儿 古驰 爱马仕 拉夫·劳伦 普拉达 伊夫·圣罗兰 赛尔日·芦丹氏 里卡多·提西	君主型品牌	魔法型君主	SGP	
			法律型君主	SPG	
		战士型品牌	宇宙型战士	GSP	阿玛尼 布什拉·雅拉尔 赛尔日·芦丹氏 普拉达
			人间型战士	GPS	香奈儿 古驰 爱马仕
		生产者型品牌	重塑型生产者	PSG	伊夫·圣罗兰
			诱惑型生产者	PGS	拉夫·劳伦 里卡多·提西

续表

意象的结构	品牌	品牌类型	功能类型	TEIF	品牌
神秘叙事结构	让-夏尔·德·卡斯泰尔巴雅克 Comme des Garçons 安·迪穆拉米斯特 让-保罗·高缇耶 三宅一生 瑞克·欧文斯 索尼娅·里基尔 维克托与罗尔夫 维维安·韦斯特伍德 山本耀司	君主型品牌	魔法型君主	SGP	瑞克·欧文斯
			法律型君主	SPG	安·迪穆拉米斯特 山本耀司
		战士型品牌	宇宙型战士	GSP	劳力士
			人间型战士	GPS	维维安·韦斯特伍德
		生产者型品牌	重塑型生产者	PSG	让-夏尔·德·卡斯泰尔巴雅克 让-保罗·高缇耶 三宅一生
			诱惑型生产者	PGS	索尼娅·里基尔 维克托与罗尔夫

大写字母表示奢侈品形象的人类学结构分布层次。由此我们可以发现，当一个品牌的多数结构聚焦于目的时，它们会遵循一种基本对应关系来决定该品牌的功能类型：英雄叙事结构对应君主功能类型，合成叙事结构对应战士功能类型、神秘叙事结构对应生产者功能类型。然而，当它们不涉及目的时，功能类型则由其他非具象元素决定，这取决于它们是决定品牌的方式还是物质，它们区分了某种功能的特定类型。因此，就方式而言，英雄叙事结构区分为宇宙型战士或重塑型生产者，就物质而言，区分为人间型战士或诱惑型生产者。

参考书目

1. ANTHROPOLOGIE, PHILOSOPHIE, SOCIOLOGIE, ESTHÉTIQUE

H. de Balzac, *Traité de la vie élégante, La Comédie humaine*, Paris, Le Seuil, « L'Intégrale », 1966.

G. Bataille, *La Part maudite* (précédé de *La Notion de dépense*), Paris, Minuit, 1967 (1ʳᵉ édition 1949).

— *L'Érotisme*, Paris, Minuit, 1957.

Ch. Baudelaire, *Le Peintre de la vie moderne, Œuvres complètes*, Paris, Gallimard, « La Pléiade », 1975.

R. Blanché, *Structures intellectuelles, essai sur l'organisation systématique des concepts,* Paris, J. Vrin, 1966.

F. Coblence, *Le Dandysme, obligation d'incertitude*, Paris, PUF, 1988.

G. Dumézil, *Mythe et Épopée 1, L'Idéologie des trois fonctions dans les épopées des peuples indo-européens,* Paris, Gallimard, 1968.

— *Mythe et épopée 2, Types épiques indo-européens : un héros, un sorcier, un roi,* Paris, Gallimard, 1971.

— *Mythe et Épopée 3, Histoires romaines*, Paris, Gallimard, 1973.

— *Heur et Malheur du guerrier, aspects de la fonction guerrière chez les Indo-Européens,* Paris, PUF, 1969.

— *Du mythe au roman, la Saga de Hadingus et autres essais*, Paris, PUF, 1970.

— *Les Dieux souverains des Indo-Européens*, Paris, Gallimard, 1977.

— *Apollon sonore et autres essais*, Paris, Gallimard, 1982.

— *La Courtisane et les Seigneurs colorés, et autres essais, vingt-cinq esquisses de mythologie,* Paris, Gallimard, 1983.

— *L'Oubli de l'homme et l'Honneur des dieux*, Paris, Gallimard, 1985.

— *Le Roman des jumeaux. Esquisses de mythologie,* édition posthume par Joël Grisward, Paris, Gallimard, 1994.

L. Dumont, *Homo aequalis I. Genèse et épanouissement de l'idéologie économique*, Paris, Gallimard, 1977.

— *Essai sur l'individualisme. Une perspective anthropologique sur l'idéologie moderne*, Paris, Le Seuil, 1983.

M. Mauss, *Essai sur le don*, Paris, PUF, 2007.

G. Durand, *Les Structures anthropologiques de l'imaginaire*, Paris, Bordas, 1960.

— *L'Imagination symbolique*, Paris, PUF, 1971.

— *Figures mythiques et Visages de l'œuvre*, Paris, Berg International, 1979.

— *L'Âme tigrée*, Paris, Denoël-Gonthier, 1980.

— *Introduction à la mythodologie*, Paris, Albin Michel, 1996.

G. Hofstede, G J. Hofstede, M. Minkow, *Cultures and Organizations : Software of the Mind, Intercultural Cooperation and Its Importance for Survival*, New York, McGraw-Hill, 2004.

A. Hollander, *Sex and Suits. The Evolution of Modern Dress*, New York, Kodanska International, 1994.

M. Maffesoli, *L'Ombre de Dionysos. Contribution à une sociologie de l'orgie*, Paris, Méridiens-Klincksieck, 1982.

— *Essai sur la violence banale et fondatrice*, Paris, Méridiens-Klincksieck, 1984.

— *Iconologies. Nos idol@tries postmodernes*, Paris, Albin Michel, 2008.

F. Monneyron, *La Frivolité essentielle. Du vêtement et de la mode*, Paris, PUF, 2001, puis PUF « Quadrige », 2008.

— *La Sociologie de la mode*, Paris, PUF, 2006.

— *La Photographie de mode. Un art souverain*, Paris, PUF, 2010.

F. Monneyron et J. Thomas, *L'Automobile. Un imaginaire contemporain*, Paris, Imago, 2006.

Platon, *Hippias Majeur*, Paris, Garnier-Flammarion, 1967 (trad. E. Chambry).

G. Simmel, « La Mode » [1895], in *La Tragédie de la culture*, Paris, Rivages, 1993 (traduit de l'allemand par S. Cornille et Ph. Ivernel).

E. Souriau, *La Correspondance des arts, science de l'homme : éléments d'esthétique comparée,* Paris, Flammarion, 1969.

M. M. Sze, *The Tao of Painting. A Study of the Ritual Disposition of Chinese Painting*, London, Routledge & Kegan Paul, 1957.

G. Tarde (de), *La Logique sociale*, Paris, Félix Alcan, 1895.

Th. Veblen, *Théorie de la classe de loisir* (1899), Paris, Gallimard, 1970 (trad. fr. de L. Evrard).

2. Sur le luxe

D. Alleres, *Luxe… Métiers et managements atypiques*, Paris, Economica, 2006.

— *Mode : des parures aux marques de luxe*, Paris, Economica, 2003.

O. Assouly (dir.), *Le Luxe. Essais sur la fabrique de l'ostentation*, Paris, IFM/Editions du Regard, 2004.

N. Barile, *Sistema moda. Oggetti, strategie e simboli : dall'iperlusso alla società low cost*, Milano, Egea, 2011.

V. Bastien et J.-N. Kapferer, *Luxe oblige*, Paris, Eyrolles, 2008.

Ch. Berry, *The Idea of Luxury*, Cambridge University Press, 1994.

Ch. Blankaert, *Les Chemins du luxe*, Paris, Grasset, 1996.

— *Les 100 mots du luxe*, Paris, PUF, 2010.

P. Calefato, *Lusso*, Roma, Metelmi editore, 2003.

J. Castarède, *Le Luxe*, Paris, PUF, 1992.

— *Histoire du luxe en France, des origines à nos jours,* Paris, Eyrolles, 2006.

R. Chadha et P. Husband, *The Cult of the Luxury Brand : Inside Asia's Love Affair with Luxury*, Boston, Nicholas Brealy International, 2006.

M. Chevalier et G. Mazzalo, *Luxury Brand Management*, Boston, Wiley & Sons, 2008.

R. Colonna d'Istria, *L'Art du luxe*, Paris, Hermine, 1991.

R. Frank, *Luxury Fever. Money and Happiness in an Era of Excess*, Princeton-Oxford, Princeton University Press, 1999.

Y. Kerfau, *Les Dynasties du luxe*, Paris, Perrin, 2010.

V. Haie, *Donnez-nous notre luxe quotidien*, Paris, Gualino, 2002.

G. Lipovestky et Evelyne Roux, *Le Luxe éternel. De l'âge du sacré au temps des marques*, Paris, Gallimard, 2003.

M. Lombard, *Produits de luxe, les clés du succès*, Paris, Economica, 1989.

A. Mantoux, *Voyage au pays des ultra-riches,* Paris, Flammarion, 2010.

S. Marchand, *Les Guerres du luxe*, Paris, Fayard, 2001.

B. Meyer-Stabley, *12 couturiers qui ont changé l'histoire*, Paris, Pygmalion, 2014.

Perrot Ph., *Le Luxe. Une richesse entre faste et confort. XVIIIe-XIXe siècle*, Paris, Le Seuil, 1995.

M. Serres, *Les Cinq Sens*, Paris, Hachette Littératures, 1998.

D. Thomas, *Luxe and Co. Comment les marques ont tué le luxe*, Paris, Les Arènes, 2008 (trad. de O. Colette).

J. B. Twitchell, *Living It Up. Our Love Affair with Luxury*, New York, Columbia University Press, 2002.

3. Sur quelques marques

F. Baudot, *Chanel*, Paris, Assouline, 2004.

L. Benaïm, *Yves Saint Laurent*, Paris, Grasset, 1993.

P. Bergé, *Yves Saint Laurent*, Paris, Assouline, 1996.
J.-L Bertin/A. Millereau, *Aston Martin en compétition*, Paris, Etai, 2009.
— *Aston Martin : coupés et cabriolets depuis 1948*, Paris, Etai, 2012.
F. Brun, *Aston Martin*, Paris, Timée-Editions, 2006.
E. Charles-Roux, *L'Irrégulière*, Paris, Grasset, 1978.
— *Le Temps Chanel*, Paris, Grasset-Chêne, 1996.
N. Coleno, *Le Carré Hermès*, Paris, Éditions du Regard, 2009.
Corneliani (testi di A. Mancinelli, F. Gualdoni, O. Calabrese), Bologna, FMR, 2008.
C. Dior, *Christian Dior et moi*, Paris, Vuibert, 2011 (1re éd. 1956).
D. Dowsey/M. Harbar, *Aston Martin : Power, Beauty and Soul*, London, Images Publishing Group Pty Ltd, 2010.
R. Edwards, *Aston Martin : Ever the Thoroughbred*, London, J. H. Haynes and Co Ltd, 2009 (2rd ed.)
L. Edsall/D. Adler/S. Cordey, *Les Plus Belles Ferrari*, Paris, Etai, 2012.
Ermenegildo Zegna. An Enduring Passion for Fabrics, Innovation, Quality and Style (with contributions from J. Hillman, M. Maugeri, D. T. Max, S. Menkes), London, Skira, 2000.
J. Leymarie, *Chanel*, Paris, La Martinière, 2010.
D. Ludot, *La Petite Robe noire*, Paris, Assouline, 2001.
P. Miller, *Morgan, Three-Wheeler. The Complete Story*, Ramsbury, Marlborough, The Crowood Press Ltd, 2008.
P. Morand, *L'Allure Chanel*, Paris, Hermann, 1976.
A. Noakes/J.-P. Dauliac, *Aston Martin : une fabuleuse histoire*, Bath, Parragon Books, 2006.
J. Picon, *Jeanne Lanvin*, Paris, Flammarion, 2002.
A. Rawsthorne, *Yves Saint Laurent*, London, HarperCollins, 1997.
O. Saillard/M. du Chatelle, *Petit Lexique des gestes Hermès*, Arles, Actes Sud, 2012.
R. W. Schlegelmilch/H. Lehbrink/J. von Osterroh, *Aston Martin*, Paris, Place des Victoires, 2005.
R. W. Schlegelmilch/ H. Lehbrink, *Ferrari*, Paris, Ullmann, 2010.
M. Webb, *Morgan, Malvern & Motoring*, The Crowood Press Ltd, 2008.

图书在版编目(CIP)数据

财富与品位之上：奢侈品牌的叙事意象 / (法) 帕特里克·马蒂厄, (法) 弗雷德里克·莫奈隆著 ; 张忠妍译. -- 重庆 : 重庆大学出版社, 2025.1. -- (万花筒). -- ISBN 978-7-5689-4895-1

Ⅰ.F724.7

中国国家版本馆CIP数据核字第2024MD1567号

财富与品位之上：奢侈品牌的叙事意象
CAIFU YU PINWEI ZHI SHANG： SHECHI PINPAI DE XUSHI YIXIANG

[法] 帕特里克·马蒂厄（Patrick Mathieu）
[法] 弗雷德里克·莫奈隆（Frédéric Monneyron） 著
张忠妍 译

策划编辑：张　维
责任编辑：黄菊香　书籍设计：崔晓晋
责任校对：关德强　责任印制：张　策

重庆大学出版社出版发行
出版人：陈晓阳
社址：(401331) 重庆市沙坪坝区大学城西路 21 号
网址：http : //www.cqup.com.cn
印刷：天津裕同印刷有限公司

开本：720mm×1020mm　1/16　印张：8.5　字数：120 千
2025 年 1 月第 1 版　2025 年 1 月第 1 次印刷
ISBN 978-7-5689-4895-1　定价：79.00 元

本书如有印刷、装订等质量问题，本社负责调换
版权所有，请勿擅自翻印和用本书制作各类出版物及配套用书，违者必究

Copyright©Éditions imago, 2015
Simplified Chinese rights arranged by Cristina Prepelita Chiarasini through co-agent Gending Rights Agency.

版贸核渝字（2023）第164号